*i*

# QUELQUES PERSONNAGES OFFICIELS

## A TAHITI

QUELQUES

# PERSONNAGES OFFICIELS

## A TAHITI

Sous le règne de Sa Majesté Napoléon III

PAR

### JEAN PAUL CHOPARD

---

## EXTRAIT DES RÉCITS SUR TAHITI

OUVRAGE INÉDIT

> » Je veux seulement faire connaître à la Chambre
> » et au pays les conséquences d'un régime qui a
> » régné depuis de longues années.........»
> (M. le comte de Kératry, député au Corps législatif.
> — *Séance du 11 Mars 1870.*)

BREST
IMPRIMERIE DE J. B. LEFOURNIER AINÉ
86, GRAND'RUE, 86
1871

# AVERTISSEMENT

(Extrait d'une Lettre de J. P. CHOPARD)

« Un homme simple et ignoré, habitant de l'île de Tahiti,
» est possédé de la manie de collectionner.

» De même que certaines personnes se procurent des in-
» sectes aux couleurs variées, les fixent sur un tableau et ins-
» crivent en regard leurs noms, leur provenance, leur histoire,
» leurs mœurs et parfois même l'emploi que la science leur
» donne, ainsi notre homme agit à l'égard des papiers.

» Articles de journaux et chansons; arrêtés officiels des
» gouverneurs et protestations de Pomaré; lettres d'amour et
» procès-verbaux de gendarmes; factures de négociants, et.....
» projets de constitutions se sont depuis vingt et quel-
» ques années rangés en ordre, sous sa main patiente et
» méthodique, de manière à former aujourd'hui un *tout* volu-
» mineux qui est une mine de renseignements instructifs,

» curieux et utiles, très-utiles même, car on y trouve ce qui
» peut servir à défendre des innocents calomniés et faire
» peut-être, réhabiliter un jour des victimes.

» Dans cette mine, nous avons puisé avec la plus grande
» discrétion, mais, plus tard, nous nous en servirons très-
» largement, si. . . . . . . . . . . . . . . . . .
» . . . . . . . . . . . . . . . . . . . . . . .

» Papeete, le 1ᵉʳ avril 1871.

» J. P. CHOPARD. »

# QUELQUES PERSONNAGES OFFICIELS

## A TAHITI

### M. LE COMTE DE KÉRATRY

> Seigneur Cormoran
> D'où vous vient cet avis ? Quel est votre garant ?
> Etes-vous sûr de cette affaire ?
> (LAFONTAINE.)

Le 11 mars 1870, M. le comte de Kératry, député au Corps législatif, a porté à la tribune une grave accusation contre la mission catholique et française des îles Gambier.

Il a basé son dire sur plusieurs pièces officielles, qu'il a lues à ses collègues, et qui sont *indiscutables*, assure-t-il. Nous accueillons toujours avec respect les affirmations d'un honnête homme et nous donnons foi à sa parole surtout quand il s'agit d'une accusation grave qui ne peut pas avoir été faite à la légère et dont tous les termes, toutes les preuves ont dû être scrupuleusement pesées dans la balance d'une conscience équitable et amie de la vérité.

Et, néanmoins, nous sommes obligé de ne point admettre comme vraie l'accusation portée par M. de Kératry parce que les pièces *indiscutables* sur lesquelles il s'appuie n'offrent pas les garanties nécessaires pour donner de la valeur à un témoignage.

Ces pièces sont écrites par des personnes dont l'honorable comte n'a pas fait connaître le nom.

Est-ce par oubli ou est-ce volontairement ?

Est-ce, comme plusieurs personnes l'ont pensé, parce que la connaissance de ces noms eût retiré aux pièces toute leur valeur ?

C'est probable !

Nous reproduisons ci-après ces pièces telles qu'elles ont été données par le *Journal officiel* ; nous y ajoutons seulement la date à laquelle chacune d'elles fut écrite et le nom de celui qui l'écrivit.

## PREMIÈRE PIÈCE

« Papeete (Océanie), le 12 mai 1861.

» Monsieur le Ministre,

» La confiance que le Ministre de la marine et des colonies,
» en 1854, plaçait dans le chef des missionnaires, a-t-elle été
» justifiée par l'expérience des 16 années qui se sont écoulées
» jusqu'au temps présent ? Le pavillon français, confié au chef
» de la mission catholique, a-t-il aux Gambier comme partout
» ailleurs été le symbole de la civilisation ?

» Votre Excellence va être à même de former son jugement
» sur ces deux graves questions par l'examen des faits qui
» viennent de se passer à Mangarèva.

» L'extrait ci-joint de la séance du conseil d'administration
» dont l'avis m'a paru nécessaire sur une matière aussi délicate
» donne tout le développement de ces affaires.

» Tout cela est invraisemblable, et certes les nombreux
» souscripteurs de la propagation de la foi seraient stupéfiés à
» la lecture des rapports ci-joints, que je transmets à Votre
» Excellence sur la situation des îles Gambier.

» Quant à moi, Monsieur le Ministre, je n'ai été guidé que
» par l'amour du devoir et par la profonde conviction que, par-
» tout où flotte notre drapeau, ce sont les principes de notre
» droit, de notre civilisation, qui doivent prévaloir, et que nous
» ne pouvons souffrir qu'on marche dans une voie opposée.

» Il est peut-être à regretter que le pavillon français ait été
» placé aux îles Gambier....... Mais je n'oserai conseiller de le
» retirer. Il faut donc, dans mon opinion, adopter des mesures
» propres à faire cesser une situation aussi fâcheuse que celle
» reconnue dans la séance du Conseil d'administration dont ci-
» joint copie. *Ces mesures consisteraient principalement, selon moi,*
» *dans l'installation et le maintien à Mangarèva d'un résident dans*

» *des conditions analogues à celles de l'officier que j'ai installé aux*
» *îles Marquises, sauf approbation de votre Excellence.*
» . . . . . . . . . . . . . . . . . . . . . . . . . . . . . . . . . . . .

» Signé : E. G. DE LA RICHERIE. »

A cette lettre étaient joints :

1º Un extrait des séances des 7 et 8 mai 1861 du Conseil d'administration de Tahiti ;

2º Un rapport collectif de MM. Duprat et Landes, les enquêteurs dans l'affaire Dupuy et Pignon. (Ce rapport, si notre mémoire est fidèle, porte la date du 12 avril 1861.)

3º Un rapport de M. Duprat, daté du 12 avril 1861, avec *une annexe* datée du 4 mai 1861 ;

4º Un rapport de M. Landes, portant la date de Papeete, le 2 avril 1861.

## DEUXIÈME PIÈCE.

« Papeete, le ...... décembre 1864.

» Monsieur le Ministre,

» . . . . . . . . . . . . . . . . . . . . . . . . . . . . . . . . .

» Mais pour atteindre un pareil résultat, celui d'indemniser
» utilement nos nationaux lésés, les Missionnaires en général
» et le R. P. Laval en particulier, ne devront plus, au nom de la
» France, exercer aucune action politique sur les affaires des
» Gambier. Leur rôle doit rester tout religieux, tout spirituel.

» Votre Excellence m'a fait l'honneur de me dire que si
» l'entente ne se rétablissait pas entre le Commissaire impérial
» et la mission, elle n'hésiterait pas à m'autoriser à envoyer un
» résident à Mangarèva.

» Mieux que moi, Monsieur le Ministre, vous savez que
» partout où, sous le couvert de la religion, se mêlent des
» intérêts matériels, la lutte est vive, longue, pleine de difficultés
» entre le pouvoir religieux, qui cherche à tout prix à conserver
» ce qu'il a, et l'autorité politique et administrative qui veut
» entrer dans ses droits et établir une juste démarcation entre
» le spirituel et le temporel.

» *Il est facile de voir qu'ici la passion, je dirai presque celle du*
» *lucre, a étouffé les sentiments généreux dont on déplore l'absence*

» Il faudra donc, Monsieur le ministre, employer la plus
» grande énergie pour reprendre notre autorité et remettre les
» choses dans cet état rationnel dont elles n'auraient pas dû
» sortir.

» Signé : C E. DE LA RONCIÈRE. »

### TROISIÈME PIÈCE.

« Papeete, le 28 février 1865.

» Monsieur le Ministre,

» Je crois devoir, maintenant, Monsieur le Ministre, vous
» donner quelques éclaircissements sur la position réelle de la
» Reine de Mangarèva.

» Il ressort clairement du dossier, comme Votre Excellence
» l'aura vu, que, par le fait, cette femme n'est positivement
» rien.

» Quand il s'agit de conduire des affaires avec finesse et
» adresse on peut s'en rapporter aux membres divers des Sociétés
» religieuses.

» Aux Gambier, sans jamais paraître, semblant au contraire
» n'exécuter que les ordres de la Reine, les Missionnaires sont
» tout : conseillers du Gouvernement, juges, négociants.

» Leurs conseils donnés, inculqués par la crainte, ils dispa-
» raissent, certains qu'il ne sera fait que ce qu'ils ont dit.

» Siégeant tous comme juges à divers degrés, avec peu d'in-
» digènes comme assesseurs, ils appliquent, comme ils l'enten-
» dent, des lois qu'ils ont faites. C'est dans les mains de la Reine
» qu'ils ont su placer fictivement la plus grande partie du
» commerce, surtout celui des nacres et des perles, mais ce
» qu'il y a de certain, c'est qu'il n'y a que les Missionnaires qui
» le font.

» Je crois être bien informé. Au départ du R. P. Cyprien, il
» laissa environ 400 tonneaux de nacres. *Chaque tonneau valait*
» *à cette époque environ* 1,600 *fr*. (1).

---

(1) Lire la note mise à la fin du chapitre intitulé : « *Le Commerce
des Missionnaires.* »

» Quant aux perles elles sont plus faciles à cacher; on peut
» donc moins en apprécier la quantité. De temps à autre, surtout
» devant des étrangers, on montre ce qu'on appelle les perles
» appartenant à la Reine ; sitôt l'exhibition faite, les mis-
» sionnaires les emportent, car cela leur appartient.

» Je ne crois devoir entrer dans aucun détail au sujet des
» pressions de toutes sortes que ces messieurs exercent sur la
» population. C'est de la haute tyrannie poussée quelquefois au
» suprême ridicule.

» Combien de ces Mangarèviens ne se noient-ils pas en vou-
» lant se sauver d'un pays si sauvagement religieux?

» Vous comprendrez, monsieur le Ministre, que, d'après la
» position faite à la Reine, la pauvre femme qui n'est déjà rien,
» n'a positivement rien. Comment alors pourra-t-elle rembourser
» les 160,000 fr. dus si légitimement aux sieurs Dupuy et Pignon?
» Où prendra-t-elle cet argent? Quelle pression exercer pour
» l'amener à payer?

» Le dossier fourmille de preuves que ce sont les mission-
» naires qui, par des tracasseries, des entraves d'abord, ensuite
» des jugements trop faciles à qualifier, ont amené la ruine
» complète de nos deux compatriotes. Pouvons-nous les prendre
» à partie, les forcer à payer, saisir pour cela ce qu'ils ont?

» Mais ils vont crier à la spoliation, on les entendra à Rome.
» . . . . . . . . . . . . . . . . . . . . . . . . . . . . . . . . . . . .

» Signé : E. DE LA RONCIÈRE. »

## QUATRIÈME PIÈCE

« Papeete, le 29 avril 1866.

» Monsieur le Ministre,

» La mission peut affirmer qu'elle ne se mêle ni de l'admi-
» nistration, ni du commerce.

» En effet, rien n'est apparent, rien n'a besoin de l'être.

» Une fois le chef du pays arrivé au dernier degré du bigo-
» tisme, il était facile de jeter dans cette conscience toutes les
» alarmes et d'y faire naître toutes les espérances.

» Quant aux moyens d'action, la confession en offre qui sont
» aussi simples que sûrs.

» Soupçonne-t-on l'existence d'une belle perle, un homme
» d'avoir des relations avec une jeune fille ?

» Ce sont les femmes, les sœurs, les filles qu'on interroge,
» qu'on effraie.

» Les actes du Gouvernement se discutent au tribunal de
» la pénitence et on a dû amener la régente à offrir à Dieu les
» bénéfices sur la pêche.

» Je dois signaler un fait au sujet duquel j'ai exprimé mon
» étonnement au P. Laval.

» Sur une goëlette appartenant par moitié à la régente et à
» la mission, un des Pères a été envoyé deux fois dans les
» Tuamotus y prendre des indigènes pour chercher à les civiliser
» un peu, me dit le P. Laval. Civiliser était trop fort; ces sortes
» d'enlèvements ne peuvent pas être tolérés. Ces peuples appar-
» tiennent au gouvernement de la reine Pomaré.

» J'ai envoyé des officiers voir ces familles (1). Il résulte de
» leur rapport que ces malheureux, relégués dans une petite
» vallée, n'ont aucun abri et végètent dans le plus hideux
» dénuement.

» Sans y ajouter complètement foi, je dois pourtant dire
» qu'il m'a été affirmé que plusieurs individus avaient été
» enlevés de force. La population des Gambier a déjà de la
» peine à vivre et bénévolement on l'augmente.

» Signé : C<sup>te</sup> E. DE LA RONCIÈRE. »

## CINQUIÈME PIÈCE.

« Papeete, le.......... juillet 1866.

» Monsieur le Ministre,

» Jamais les mots moralité et civilisation n'ont été interpré-
» tés d'une façon plus étrange que par le Directeur général de
» Picpus et le P. Laval. Jamais personne, débarquant aux Gam-
» bier, à la vue de cette population couverte de haillons, sui-
» vant un étranger d'un regard craintif et hébété, ne se croira

---

(1) Voir l'affaire d'Atirikigaro dans le chapitre intitulé : « M. François-
Xavier-Marie Caillet. »

» en contact avec des gens seulement quelque peu civilisés. Il
» cherchera en vain dans ce pays un indice sérieux d'un travail,
» d'un progrès quelconque, en industrie comme en agriculture ;
» il ne trouvera que des églises, des chapelles, des couvents
» assez bien bâtis et des maisons en pierre au milieu de misé-
» rables huttes, d'où ne sortent que des gens au teint hâve,
» semblant chercher un peu de nourriture, ou d'autres rentrant
» précipitamment comme honteux de leur misère.

» *Pour moi, monsieur le Ministre, il est un point sur lequel ma*
» *conviction ne changera jamais.*

» *Les missionnaires des Gambier, avant tout, sont commerçants.*
» *Le catholicisme, en faveur duquel ils prêchent et qu'ils déconsidé-*
» *rent honteusement, n'est entre leurs mains qu'un moyen pour*
» *maintenir la population dans leur dépendance et éloigner toute*
» *concurrence qui ferait tort à leurs intérêts.*

» J'ai envoyé à votre Excellence, par lettre du 29 avril, n° 15,
» 1ᵉʳ bureau, les rapports de MM. Caillet et Laurencin.

» Je recommande à l'attention du Ministre un tableau qui
» expose les produits divers donnés par la pêche des nacres
» (ci-après).

» Où sont seulement les traces des sommes énormes qui
» ont été perçues ?

» Tant d'argent tombé dans un pays où l'on ne trouve pas à
» changer une pièce d'un franc, où même avoir de l'argent est
» presque un péché, où il n'y a pas le plus petit motif de dé-
» pense, n'a pas laissé le moindre vestige ni chez la régente, ni
» dans la population !!!

» C'est là un mystère que les missionnaires expliqueraient
» difficilement.

» Je le répète, la régente n'est qu'un mannequin que la
» mission manœuvre, qu'elle met en avant selon ses besoins ou
» ses intérêts, tout en sachant très-adroitement toujours se
» mettre derrière.

» La civilisation n'a rien de commun, je pense, avec les
» actes inqualifiables dont ces malheureuses îles ont été le
» théâtre.

» Ça ne peut être au nom de la civilisation qu'on flagelle
» les hommes, qu'on les enferme pendant des années dans
» d'infects bouges, qu'on rase la tête des femmes, etc., etc.

» Votre Excellence n'admettra pas que la civilisation s'in-
» culque par des soufflets.

» Le R. P. Laval est pour les moyens violents.

» Les flagellations qu'il a fait infliger le prouvent.

» En pleine église, revêtu de ses habits sacerdotaux, et de-
» vant nos officiers, il a donné un soufflet à un jeune homme
» pour avoir souri.

» Est-ce d'un pays civilisé que les habitants tenteraient de
» s'échapper, au risque de périr dans les flots; ainsi que cela est
» arrivé à seize Mangarèviens, dont on n'a jamais trouvé de
» traces ?

» S'ils sont si heureux aux Gambier, supplieraient-ils en
» grâce qu'on les prenne à bord quand un de nos navires quitte
» la rade ?

» Oh! non, monsieur le Ministre, je ne crains pas de l'affir-
» mer, la civilisation, même dans son interprétation la plus
» large, n'a rien de commun, n'a aucun point de contact avec ce
» qui se passe dans ce pays.

» Heureusement que peu de navigateurs y touchent.

» En voyant ce que l'on y fait au nom de notre religion, ils
» ne pourraient s'empêcher de déplorer la déconsidération dont
» la couvrent des hommes qui, depuis 40 ans, n'ont plus eu au-
» cun contact avec le monde.

» Signé : Comte E. DE LA RONCIÈRE. »

Les rapports dont parle cette cinquième pièce, sont celui de M. X. Caillet, du 16 avril 1866, et celui de M. Laurencin, daté du 22 au 23 février de la même année (1).

Quant à la sixième et dernière pièce, lue par M. de Kératry, sa date est du 4 avril 1869. Celui qui l'écrivit et la signa n'est point « *un commandant de bâtiment envoyé à Mangarèva*, » mais bien M. X. Caillet, lieutenant de vaisseau.

Voici cette sixième pièce :

« Papeete, le 11 avril 1869.

» *A Monsieur le Commandant Commissaire Impérial.*

» Monsieur le Commissaire Impérial,

» J'ai l'honneur de vous soumettre le résultat des rensei-
» gnements que j'ai pris aux Gambier, conformément à vos
» instructions du 12 février dernier.

---

(1) Cette date n'est peut-être pas très-exacte quant au jour du mois.

» Maria-Eutokia s'est retirée au couvent. Akakio, ex-prési-
» dent du conseil de régence, est chargé du pouvoir exécutif
» sous la direction immédiate du pro-vicaire.

» Il reste peu de traces des efforts tentés par les résidents
» pour améliorer les institutions du pays. Cependant, l'huma-
» nité doit au contrôle du gouvernement protecteur la suppres-
» sion des châtiments, tels que la flagellation des hommes et la
» mutilation de la chevelure des femmes. On doit aussi à ce
» contrôle l'introduction de lits de camp dans les prisons.

» Le lac a rapporté cent tonneaux de nacres l'année der-
» nière, et quinze tonneaux cette année ; elles ont été vendues,
» en grande partie, à la régente, qui les a payées, le tonneau,
» 225 francs en marchandises.

» Je n'ai aucun renseignement sur la valeur des perles
» trouvées pendant la pêche.

» La population de tout le groupe, évaluée en 1866 à tout
» au plus un millier de personnes, enfants compris, est frappée
» sans merci par une maladie terrible dont les symptômes sont
» ceux de la consomption. On a compté 160 décès l'année der-
» nière et 50 dans le premier trimestre de cette année.

» Au nombre des victimes se trouve le jeune roi, sa femme
» et presque tous les membres du conseil de régence, presque
» tous les indigènes revenus de Tahiti et la famille entière de
» M. Marion.

» Une des causes de cette maladie doit être attribuée, selon
» moi, à l'état de nostalgie (1) et de stupeur dans lequel paraît
» vivre le Mangarèvien depuis si longtemps éprouvé par les
» malheurs.

» Malgré ce voile funèbre tristement tendu sur ces îles, les
» cachots contre lesquels j'ai protesté en 1866, continuent à être
» occupés par les condamnés des deux sexes.

» Le nombre des expiations sur une population aussi ré-
» duite accuse, au moins, une nécessité de réagir avec vigueur
» contre une dépravation morale profonde, et tend à prouver
» que le pouvoir temporel dirigé par le clergé ne convient pas
» plus aux Gambier qu'ailleurs.

---

(1) Une remarque à faire, c'est que dans les écrits ou dans les discours de ces Messieurs, la locution *selon moi* est au moins le précurseur infaillible de quelque phrase grosse de sottise.

» Encore quelques années de ce régime et notre drapeau y
» flottera sur les tombes des derniers de la race autochtone.
» Signé : X. CAILLET. »

Toutes ces lettres, tous ces rapports cités par M. le comte de Kératry, ne peuvent être pris en considération ni ne peuvent servir à établir un témoignage. *Les noms qui les ont signés ne le permettent point.*

Les chapitres suivants, nous l'espérons du moins, feront partager notre manière de voir aux personnes qui prendront la peine de les lire.

En les écrivant nous nous sentons attristé d'avoir à y mentionner des faits et à y retracer des appréciations qui ne peuvent manquer d'être pénibles aux personnes qui ont signé les pièces lues au Corps législatif. Aussi jamais les pages qui vont suivre n'eussent vu le jour, si ceux dont elles racontent les faits et les gestes n'avaient point calomnié des innocents.

Papeete, août 1870.

J. P. CHOPARD.

## M. LOUIS-EUGÈNE GAULTIER DE LA RICHERIE

La confiance que M. le Ministre de la Marine et des Colonies, depuis 1859 jusqu'en 1864, plaçait dans le commandant de la Richerie a-t-elle été justifiée?

Le pavillon français confié à cet officier a-t-il été à Tahiti, comme partout ailleurs, le symbole de la civilisation?

Le lecteur va être à même de former son jugement sur ces deux graves questions par le récit des faits qui se sont passés à Tahiti.

J.-P. Chopard.

M. de la Richerie a fait son apprentissage gouvernemental à la Guyane dans la direction d'un pénitencier de forçats, à l'époque où M. l'amiral Baudin commandait dans cette colonie. Ses débuts n'y furent point heureux, car il se vit obligé de résilier ses fonctions parce que, contrairement à ses idées, on voulut essayer, pour la moralisation des condamnés, un régime qui n'était pas celui de la corde et du bâton.

Tahiti fut le second point du globe où il eut à appliquer ses idées sur le gouvernement des hommes.

Parti de France avec sa famille, il se rendit d'abord à Valparaiso, puis à Papeete, où il arriva le 1er janvier 1859, sur le navire le *Glaneur* qui était à M. Pignon.

Durant le voyage, ce dernier se montra plein de soins et de prévenances pour ses passagers, et c'est alors que naquit une intimité devenue plus tard très-étroite entre la famille Pignon et celle de M. le Commandant Commissaire impérial.

Quelques personnes ont été étonnées de cette grande amitié, et elles ont cherché à l'expliquer; mais, comme il advient le plus souvent en pareil cas, elles l'ont attribuée à des causes toutes plus étranges les unes que les autres, alors qu'elle n'avait sans doute d'autre raison d'être que la parfaite convenance des esprits et la sympathie des cœurs.

Cependant, il faut le dire, cette liaison a eu de sérieux inconvénients, car à l'époque où M. Pignon tendait ses filets à Mangarèva, afin de parvenir à faire payer ses dettes par la reine de ce pauvre petit pays, il laissa échapper des paroles imprudentes, des menaces même, qui ont fait penser qu'il était conseillé et qu'il serait aidé dans ses projets par M. de la Richerie.

Ces légèretés de langage acquéraient d'autant plus de gravité dans la bouche de ce trafiquant, que l'intimité des deux familles était plus développée et plus connue; elles étaient d'autant plus regrettables qu'en Océanie, plus que partout ailleurs, il est à désirer que le pouvoir ne puisse pas être soupçonné

Mais abordons un autre sujet :

Si l'on étudie avec soin la manière de faire de M. de la Richerie, on arrive très-promptement à se convaincre qu'il est possédé de la passion, ou pour mieux dire de la manie gouvernementale. Il aime le pouvoir, non pour faire le bien, mais pour avoir le plaisir de faire sentir à ses administrés les rênes du gouvernement, semblable en cela à l'un de ces cochers qui, du haut de leurs siéges et sans nécessité, tourmentent la bouche de leurs chevaux.

Lors de son arrivée à Tahiti, c'est-à-dire, au premier janvier 1866, les Tahitiens qui avaient des enfants à l'école étaient les seuls astreints à payer un impôt annuel de six francs. Il s'empressa de changer cet état de choses et bientôt l'impôt direct et annuel fut de 10 francs par chaque personne mariée et de 22 francs par chaque personne célibataire.

Quant à l'impôt indirect, qui comprenait les corvées en nature ou leur rachat facultatif en argent, il atteignit, pour chaque indigène, un taux que M. le comte Emile de la Roncière va nous faire connaître.

Nous citons :

« Sous mon prédécesseur (M. Gaultier de la Richerie), les
» années 1862 et 1863 comptent à elles seules sept ordonnances
» imposant des corvées, des travaux de toutes sortes.

» Les indigènes ne trouvaient là que des fatigues et des
» amendes à payer.... Les impôts que vous avez eu à payer jus-
» qu'en 1865 étaient trop lourds. Celui qui pouvait les acquitter
» d'avance et en un seul paiement n'avait pas moins de 72 francs
» à donner. Quand on était réduit à les payer partiellement, ils
» pouvaient monter à 230 francs par tête. »

(*Session législative tahitienne de* 1866. — Discours de M. le Commandant Commissaire impérial.)

Ici nous sommes arrêté par un scrupule, car si M. de la Richerie était présent, il pourrait nous dire : « Je n'accepte » point le témoignage de M. le comte Emile de la Roncière, » et, nous sommes bien obligé de l'avouer, il aurait raison. En effet, l'article 283 du Code de procédure (titres des enquêtes) dit : « Pourra être reproché le témoin qui aura été condamné à » une peine afflictive ou infamante, ou même à une peine » correctionnelle pour cause de vol, » et l'article 7 du Code pénal ajoute : « les peines afflictives et infamantes sont : 1°.... 2°.... 3°.... 4°.... 5°.... 6° la réclusion. »

Or, personne, pas même M. le comte de Kératry, n'ignore que M. le comte Emile de la Roncière a été condamné à dix ans de réclusion.

Puisque nous ne pouvons invoquer les paroles de ce dernier pour vérifier si l'impôt annuel et total payé par un tahitien s'élevait parfois à 230 francs, ayons recours à M. de la Richerie lui-même. Pour cela nous n'avons qu'à ouvrir le journal officiel, le *Messager de Tahiti* du 11 mai 1862, n° 19, et nous y lisons :

*Pomaré IV..... et le Commandant Commissaire impérial.*

ORDONNONS :

. . . . . . . . . . . . . . . . . . . . . . . . . . . . . . . . . . . . . . . . . . . . .

Art. 3. — Ceux qui voudront s'exempter personnellement de ces travaux pourront le faire, à moins que l'ordonnance n'en dispose autrement, à la condition de verser au profit du district ou des districts que le travail concerne le prix de leurs journées de travail.

Art. 4. — La journée des travaux publics est de huit heures. Cette journée est évaluée à un franc. — Les travaux publics n'auront pas lieu le vendredi, le samedi et le dimanche, à moins d'urgence.

Papeete, le 26 avril 1862.

Signé : POMARÉ.            Signé : E. G. DE LA RICHERIE.

Cet extrait de la loi montre qu'un tahitien pouvait être obligé à prendre part aux travaux publics pendant 52 lundis, 52 mardis, 52 mercredis et 52 jeudis, soit en tout durant 208 jours chaque année. Il lui était cependant permis de s'exempter personnellement de ces corvées en payant un franc par chaque jour de travail, c'est-à-dire en donnant une somme totale de. . . . . . . . . . . . . . . . . . . . . . . . . . . . . . . . . 208 fr.
et comme d'ailleurs s'il était célibataire son impôt direct s'élevait à. . . . . . . . . . . . . . . . . . . . . . . . 22
il avait réellement à payer chaque année, un impôt total de. . . . . . . . . . . . . . . . . . . . . . . . . . . . . 230 fr.

C'est une forte somme, lourde et dure à payer pour ces pauvres Indiens dont l'industrie est nulle et dont l'agriculture n'est encore qu'à l'état rudimentaire. Aussi se surprend-on à penser, avec tristesse, que ce n'était pas autant les attraits du plaisir que les souffrances du besoin qui poussaient leurs femmes, leurs filles et leurs sœurs à se prostituer.

A sa libéralité en fait.... d'impôts M. de la Richerie joignait une grande largesse.... de pénalités et montrait toute sa mansuétude dans la répression. Les citations suivantes mettront ces vérités en relief :

### LOI SUR LA CONSTRUCTION DES CASES

*Session de l'année 1861*

Article premier. — Chaque indigène marié est tenu d'avoir une case convenable pour lui et sa famille.

Art. 2. — Tout hui-raatira (citoyen) devra établir sa case sur les terrains vagues compris dans un rayon de mille mètres autour de la maison du chef (fare hau).

. . . . . . . . . . . . . . . . . . . . . . . . . . . . . . . . . . .

Art. 5. — Les cases qui sont ou seront situées en dehors des limites seront, après le premier avril prochain, frappées d'une imposition de deux francs cinquante centimes par mois.

Art. 6. — Tout indigène qui par opposition ou mépris de la loi ne paiera pas cet impôt sera condamné à une amende de 50 francs pour la caisse des districts et à un emprisonnement de quinze jours à deux mois.

Art. 7 — Un an après la promulgation de la présente loi, tout indigène qui n'aura pas une case terminée conforme au modèle indiqué dans la circulaire mentionnée ci-dessus sera jugé et condamné à une amende de cent francs. Cette amende sera de deux cents francs si ladite case n'est pas terminée six mois après l'expiration du premier délai d'un an.

Cette loi fut votée le 23 décembre 1861 par une assemblée de 61 députés dont 42 furent pour l'adoption et 19 furent contre. Dans cette assemblée il y avait 42 employés salariés du gouvernement. Quelques députés qui comptaient parmi les 19 opposants firent des observations, mais l'orateur du gouvernement eut réponse à tout.

*Taatauuru*, député. — Si un homme marié ne possède pas de terrain dans le rayon de mille mètres autour de la chefferie, où mettra-t-il sa maison ?

*Roura*, rapporteur. — Sur une terre non habitée ou sur une terre de chefferie comprise dans ce rayon.

*Arato*, député. — Si je possède des terres dans l'étendue de mille mètres, elles seront donc habitées par d'autres que par moi propriétaire ?

*Pohueta*, député. — C'est cela, certainement ! Mais vous n'en serez pas moins le propriétaire.

L'on croit rêver en lisant cette loi qui ordonne aux gens d'aller habiter loin de leurs propriétés, parfois à une ou deux lieues de distance de leurs terres et de tous leurs moyens d'existence ; qui oblige un chef de famille à se bâtir une maison alors qu'il en a déjà une ; à la mettre sur le terrain d'autrui et à violer par là et malgré lui, les droits légitimes du propriétaire du sol, lequel ne peut que courber la tête et laisser faire.

En voyant s'accomplir ces choses nous nous sommes surpris à murmurer ces deux vers que notre enfance apprit dans la grammaire de Noël et Chapsal :

> Heureux si de son temps pour cent bonnes raisons
> O'Tahiti eût eu de petites maisons.

M. le Commandant Commissaire impérial avait depuis longtemps préparé cette loi. C'était son œuvre chérie. C'était le produit de ses plus profondes méditations. Il en avait entretenu tout le monde et n'avait d'ailleurs trouvé personne pour approuver ses idées.

Aujourd'hui que cette législation a disparu il ne reste qu'un fort petit nombre de ces cases, ce sont celles comportées raisonnablement par les localités. Ce résultat montre à lui seul ce qu'est le jugement de celui qui avait ordonné la mesure et aussi combien peu il avait tenu compte des besoins de la population dont on lui avait confié les intérêts.

Ici, M. de la Richerie ou l'un de ses amis, peut nous arrêter et nous dire : « Cette loi a été votée par la Chambre législative tahitienne dans la session de l'année 1861. »

C'est vrai, et cette juste observation nous oblige à nous rappeler l'*épuration gouvernementale* qui a précédé cette session. M. le Commandant Commissaire impérial en parle lui-même dans son discours prononcé à l'ouverture de la Chambre en 1861. Ecoutons-le !

*M. le Commandant commissaire impérial.* « Le nombre des » députés a été réduit. L'Assemblée étant moins nombreuse » les travaux marcheront plus rapidement. »

En effet, l'Assemblée législative venait d'être réduite. Sur les 62 ou 64 membres qui devaient la composer à l'avenir, on ne comptait pas moins de 42 employés *salariés* du gouvernement; aussi lors du vote de la loi citée plus haut il y eut 42 boules blanches pour l'adoption et 19 boules noires pour le rejet. Tous les députés élus et *non salariés* n'étaient pas présents, ils n'étaient que dix-neuf.

Et ce n'est point tout. Avant cette session les lois étaient discutées puis votées article par article, c'était la règle. Mais en cette année 1861 ce mode de procéder fut changé sans qu'on eût même pris la peine de modifier le règlement. On le voit par la protestation suivante :

*Taatauuru*, député. « Cette façon de procéder au vote ne
» me paraît pas régulière. Dans les sessions précédentes nous
» adoptions les lois en votant chaque article. »

*Le président de la Chambre.* « Nous n'avons pas à revenir là-
» dessus. »

Oh! M. de la Richerie est un habile homme! Suivant lui, ce serait bien mal gouverner que de ne pas savoir tout ce qui se dit ; que de ne pas connaître tout ce qui se fait et de tolérer qu'une démarche, pour simple qu'elle soit, puisse avoir lieu sans qu'on lui en ait préalablement demandé l'autorisation.

On ne saurait jamais trop, ni trop minutieusement gouverner. C'est en vertu de cette idée qu'il veut grouper toutes les cases autour de celle du chef, du juge et des agents de police, et qu'il accumule les pénalités contre celui qui ne vient pas se faire surveiller dans la maison construite par ordre et sur modèle. Les citations suivantes le montrent :

*Session législative de* 1861. — LOI SUR LES TRAVAUX.

Art. 3. — « Tout homme n'ayant pas de case, ou ne demeu-
» rant pas dans un rayon de mille mètres autour de la chefferie
» devra au district deux jours de travail par semaine. »

*Même session.* — LOI SUR LA PLANTATION.

Art. 2. — « Tout individu n'ayant pas sa case autour de la
» maison de chefferie sera tenu de planter par an cent cocotiers,
» quatre tamanus et vingt arbres à pain. »

Ainsi, trois lois : *loi sur la construction des cases, loi sur les travaux, loi sur la plantation,* établissent *l'impôt, l'emprisonnement, deux espèces d'amende, le travail public et des plantations* à faire pour punir celui qui n'aura pas sa case auprès de celle du chef. Et enfin, comme si tout cela était trop doux, l'article 5 de *la loi sur les amendes* vient s'y ajouter.

*Session législative de* 1861. — LOI SUR LES AMENDES.

Art. 5. — « Tout individu qui ne paiera pas son amende dans
» le délai de dix jours, après la condamnation, sera arrêté, mis
» en prison et y restera jusqu'à parfait paiement. »

Nous l'avons déjà dit, M. de la Richerie est vraiment libéral.... en fait de pénalités.

Le bon sens qui a dicté cet article 5 de la loi sur les amendes est fort heureusement mis en lumière par l'observation suivante du député Hurue :

*Hurue*, député. « Comment voulez-vous qu'un homme em-
» prisonné paie son amende ? C'est impossible ! Les résultats de
» ces emprisonnements ont été jusqu'à présent des **évasions et**
» **des fuites à Raiatéa.** »

Maintenant passons à d'autres considérations.

Dès son arrivée à Tahiti, en janvier 1859, M. de la Richerie se montra prodigue de prévenances, de bonnes paroles et de promesses, envers la mission catholique.

Au mois de février 1859, le tribunal supérieur tahitien fut cassé, pour des raisons qu'il serait trop long de relater ici.

Parmi les membres qui le composaient on comptait : le Président qui avait reçu la médaille militaire au service de la France ; un juge qui avait gagné la croix de la Légion d'honneur en combattant dans les rangs de nos soldats ; plusieurs autres juges qui se distinguaient par un véritable attachement à notre pays et dont l'un était catholique, ce qui en Océanie est l'équivalent de Français comme protestant est l'équivalent d'Anglais.

Le Commandant commissaire impérial s'empressa de reconstituer ce tribunal et voici comment il le composa

| | |
|---|---|
| *Président*. . . . . | Metuaoro, ministre protestant de Tiarei. |
| *Vice-Préident*. . . | Maheanu, ministre protestant de Faa. |
| *Juges*. . . . . . . . | Mataïtaï, ministre protestant d'Afaïti. |
| | Otare, ministre protestant de Teavaro. |
| | Imihia, diacre protestant. |
| | Puhia, diacre protestant. |
| | Fenuaiti, simple protestant. |
| *Juges suppléants*. | Tohi, diacre protestant. |
| | Haumani, diacre protestant. |
| | Hooau, diacre protestant. |

A partir du moment où ces nominations eurent lieu, nul ne s'étonna de voir les Indiens catholiques perdre tous leurs procès. Il est rare, en effet, qu'une cause ne vienne pas à ce tribunal soit directement, soit par voie d'appel.

Mais si les Indiens catholiques perdaient tous leurs procès, pour les consoler, sans doute, on avait renforcé l'élément protestant dans la Chambre législative à laquelle appartiennent de droit les membres du tribunal supérieur.

Cependant, à l'en croire, M. de la Richerie était tout dévoué aux intérêts de la mission catholique. Il protestait que, « si rien » ne venait entraver sa bonne volonté, il aiderait de telle sorte » à la propagation des idées catholiques qu'avant deux ans » Tahiti serait entièrement converti à la vraie foi. »

Il était fort prodigue envers tous les missionnaires mais surtout envers monseigneur Jaussen, évêque d'Axieri, des marques extérieures d'une bienveillance extrême. Il allait fréquemment chez Sa Grandeur dont « la conversation pleine de char- » mes et savante à la fois était, ajoutait-il, aussi instructive » qu'agréable. »

C'est sans doute pour cela qu'il (M. de la Richerie) s'empressa de faire paraître une loi qui déclarait *national* le culte protestant à Tahiti.

L'article 10 de cette loi était ainsi conçu :

ART. 10. — « Tout indigène, quelle que soit la religion à » laquelle il appartient, doit participer aux obligations qui assu- » rent l'exercice du culte *national* protestant. »

La discussion de cette loi, par l'Assemblée législative, prouva que c'est un travail *manuel et personnel* qui est exigé par cet article et que jusqu'au jour de la proposition de cette loi, la coutume, établie par tous les Gouverneurs, conformément d'ailleurs aux articles 4 et 5 de l'acte du protectorat, faisait que chaque Indien ne participait qu'aux obligations du culte auquel il appartenait.

L'acte du protectorat était ouvertement violé par l'article 3 de la loi sur le culte protestant *national*, aussi cela donna-t-il lieu à une protestation de M. le Consul de Sa Majesté Britannique et à une réclamation écrite par vingt et quelques chefs et députés, c'est-à-dire par le tiers des membres de l'Assemblée législative. Devant ces protestations, M. de la Richerie n'osa point passer outre et sanctionner cette loi dont les articles 4 et 5 étaient les suivants :

ART. 4. — Il sera demandé à la Reine et au Commandant Commissaire impérial p. i., deux ministres protestants français.

ART. 5. — L'un de ces deux ministres résidera à Papeete et le deuxième aux Tuamotu.

Il est bon de savoir que ces articles prirent naissance d'une demande faite par les députés du district de Tautira. C'était, disaient-ils, le vœu de leurs commettants.

Lorsque les gens de Tautira connurent ce qui s'était passé, ils voulurent faire juger et emprisonner leurs députés pour avoir *menti* à la Chambre, et dans la délibération qu'ils eurent entre eux, à ce sujet, il fut prouvé que l'idée de cette demande avait été donnée à Mano, ministre protestant du district et membre de l'Assemblée législative, par M. Caillet, chef d'état-major et âme damnée de M. le Commandant Commissaire impérial.

Nous avons sous les yeux, en écrivant ceci, l'attestation de ces faits, contenant plus de soixante signatures des chefs des familles protestantes de Tautira. Cette attestation dit naïvement : « Dans le voyage de Mano et du chef d'état-major du gou- » verneur à Aiouroua, ce dernier dit à Mano : *Il est nécessaire* » *que tu demandes un ministre protestant français, et lorsqu'il sera* » *arrivé, les deux (le prêtre et le ministre) se battront comme des* » *coqs.* Il a été écouté et il a été fait ainsi. »

Cette demande adoptée par la Chambre fut mise sous la forme d'une pétition qui, rédigée d'abord en français, fut ensuite traduite en kanack. Les fautes du texte tahitien le prouvent surabondamment. D'ailleurs, on sait fort bien qu'à Tahiti les Assemblées législatives n'ont jamais fait autre chose que ce que voulait le Commandant Commissaire impérial. Cela surtout a été vrai à l'époque dont nous parlons.

Cette pétition dit en parlant des catholiques : « Les ennemis » de notre religion, qui sont aussi les ennemis du protectorat » français, cherchent à nous calomnier, parce que nous ne » voulons pas être ingrats envers ceux qui nous ont fait sortir » du paganisme, et à blesser nos sentiments religieux, en disant » que nous ne sommes pas attachés à la France. »

En lisant cette phrase dirigée contre les catholiques, ou pour mieux dire contre les missionnaires, le digne M. Miller, consul anglais à Tahiti, se mit à dire : « Voilà qui sera bien » reçu à Exeter-Hall. » Mais, ajouta-t-il aussitôt avec un sourire : « Je ne crois pas que cela fasse le même effet à Paris »

Par cette pétition, M. de la Richerie faisait accuser les missionnaires catholiques d'être les ennemis de la France, mais dans le même temps (il faut lui rendre cette justice), il donnait à Mgr l'évêque d'Axieri une marque d'estime et de particulière considération en le priant d'être le parrain de sa fille.

La satisfaction intime qu'il ressentait devait être à son comble, car il pouvait espérer avoir dérobé la main qui portait un coup à la mission derrière les prévenances qu'il prodiguait a l'évêque, et en outre il achevait de faire preuve d'un jugement vraiment *rare* et *droit* en demandant deux ministres protestants français, l'un pour Papeete, où les Indiens sont congréganistes indépendants (1), et l'autre pour les îles Tuamotu, où il n'y a que des catholiques et des mormons.

Quelque temps avant, M. de la Richerie, dans une lettre *confidentielle*, où il épanchait son cœur, promettait à monseigneur Jaussen de lui donner toutes les écoles « *mais officiellement,* dit-il, *pour que cela soit durable.* » Il « *est sûr d'être approuvé, » à Paris, si les formes légales sont observées* » ; et il ajoutait que : « *comme homme et comme chef actuel de Tahiti, il tient à lui dire » que la mission doit et peut avoir toute confiance en lui.* »

« *Attendez et vous verrez* », dit-il.

En effet, attendons et voyons ! Lisons les lois qu'il fait paraître et n'oublions point que tous les articles en sont rédigés ou inspirés par lui. Nous citons :

*Loi sur le culte national tahitien.* Article 6. Ils (les ministres protestants français) prendront la direction de nos écoles.

*Loi sur l'instruction publique tahitienne.* Article 9. Il n'y aura qu'une école et qu'un instituteur par district et cette école sera placée près de la demeure du chef.

*Même loi.* Article 11. Cette rétribution comprend une indemnité aux ministres chargés par la loi de diriger les écoles et aux instituteurs suppléants.

*Même loi.* Article 12. L'indemnité au ministre de chaque district sera de dix centimes par enfant présent et par mois (2).

Nous avons attendu et nous avons vu que : M. de la Richerie après avoir promis « *toutes les écoles aux catholiques, mais officiellement pour que cela soit durable* » (j'ai sa lettre confidentielle sous les yeux) s'est empressé de placer toutes les écoles sous la direction des ministres protestants; qu'à la tête de l'école dans chaque

---

(1) L'Église tahitienne protestante a été fondée et façonnée par des ministres *congréganistes indépendants. Elle ne peut avoir un chef.* Une paroisse ou congrégation choisit son ministre sans contrôle et ne doit avoir aucun trait d'union avec une autre. Comment cette Église aurait-elle pu s'accommoder de ministres qui l'auraient gouvernée au moyen d'un consistoire comme le veulent les réformés français ?

(2) Le salaire de l'instituteur suppléant sera de trente centimes par enfant présent et par mois.

district il a mis le *ministre protestant* du district et qu'enfin, comme les occupations de ce ministre pouvaient être trop fatigantes, car généralement aux fonctions de pasteur et de maître d'école il joignait celles de *juge*, de *député* et *d'époux de chefesse*, il lui a donné un suppléant pour l'aider.

Tel est l'accord qui existe entre les paroles, les promesses et les actes de M. Louis-Eugène-Gaultier de la Richerie.

Quelques personnes ont osé dire que les actes de son gouvernement constituaient contre le catholicisme une persécution d'autant plus dangereuse qu'il tâchait de la dissimuler sous une apparence de légalité. Lui-même n'en doutait nullement, car il plaignait la mission catholique de ce que ses instructions l'obligeaient à la persécuter. Il est vrai qu'on l'a entendu dire aussi « *qu'il est toujours aisé de trouver des prétextes spécieux, des raisons* » *plausibles, pour rendre illusoires et officiellement inexécutables les* » *instructions les plus formelles du ministre.* »

Racontons maintenant l'histoire des îles Marquises.

Dans l'année 1858, le poste de soldats français que l'on entretenait dans ces îles et le résident qui les commandait furent retirés comme étant inutiles.

La mission catholique livrée à elle-même, et, restée seule en face de ces populations encore anthropophages, redoubla d'énergie. Elle parvint non sans de grandes difficultés à établir une entente cordiale entre les grands chefs des diverses vallées et à leur faire reconnaître la suprématie de Temoana, chef de la baie de Taio-Haé, que nous avions décoré du titre plus pompeux que réel de roi de Noukahiva.

Grâce à cette entente des chefs et à leur obéissance pour Temoana, monseigneur Dordillon, évêque de Cambysopolis et chef de la mission, organisa dans le pays une police vraiment remarquable, au moyen de laquelle une paix durable fut imposée aux vallées, sans cesse en hostilités les unes avec les autres; les usages païens furent abandonnés, et les sacrifices humains abolis.

Les naturels du pays, reconnaissants des bienfaits de ce nouvel ordre de choses, écoutaient volontiers les prédications des missionnaires; ils demandaient et suivaient leurs conseils, et tout faisait présager que dans peu de temps l'influence civilisatrice du christianisme aurait enfin assez prévalu pour que ces populations n'eussent plus à craindre d'être arrêtées, dans les voies du progrès réel, par un retour à leurs anciennes et barbares coutumes.

A cette époque, c'est-à-dire vers la fin de l'année 1860, M. le contre-amiral Larrieu visita cet archipel. Il fut étonné des résultats obtenus et en témoigna hautement sa satisfaction.

Quelque temps après, venu en relâche à Tahiti, il retraçait, devant M. de la Richerie, le spectacle qui avait frappé ses yeux ; il exprimait son espoir d'un résultat durable, il en donnait les raisons, et, rendant justice à qui de droit, il avouait hautement que cela était dû à l'intelligence et au zèle de Mgr de Cambysopolis, aidé du concours dévoué et réellement apostolique de ses missionnaires.

Le lendemain de ce jour, Mgr d'Axiéri, qui avait été présent à cette conversation, remerciait M. l'amiral Larrieu de ses bonnes paroles et de la justice qu'il avait rendue aux travaux des missionnaires. « Mais, — ajouta-t-il, — il se peut, Monsieur
» l'amiral, que vos paroles nuisent à Noukahiva. »

Cela ne manqua point d'arriver. Quelques jours plus tard, en effet, M. Caillet, qui recevait les inspirations de M. de la Richerie, avait commencé une campagne contre la mission catholique des îles Marquises. « *Ce qui s'y passait était inouï*, disait-il,
» *et il était dommage qu'on n'eût pas de pasteurs protestants pour les*
» *envoyer civiliser ces îles et empêcher les missionnaires catholiques*
» *d'y tyranniser les Indiens.* »

Ce discours n'était que le prélude des mesures méditées par le Commandant Commissaire Impérial, lequel, peu de temps après, envoyait comme résident à Noukahiva M. le lieutenant de vaisseau de Kermel, avec trois gendarmes français et quatre soldats tahitiens.

Quels sont les ordres donnés à M. de Kermel? Les résultats qui suivirent son envoi à Noukahiva les feront mieux connaître encore que ce qu'il disait avant de partir pour son nouveau poste : « Je marche contre la mission. »

Et, par le fait, la mission des îles Marquises, si prospère en 1860, était ruinée en 1861. L'autorité de Temoana était réduite à néant, la guerre ravageait les vallées, les anciennes coutumes et l'anthropophagie étaient plus en honneur que jamais, et l'on put voir après un combat livré le 31 juillet 1862 quatre hommes qui furent dévorés crus en partie.

Depuis lors cet état de choses a continué. Nous avons vu à Tahiti, en 1869, des Indiens de ces îles jugés pour avoir tué et mangé leurs semblables.

Dans le mois de septembre 1862 on écrivait des Marquises :

« Noukahiva est dans un état pitoyable depuis que les Fran-
» çais sont venus y mettre le désordre, et le mal augmente de
» jour en jour... Il est un fait, c'est que pendant l'absence des
» Français, le roi et les chefs, de concert avec l'évêque, avaient
» établi dans toute l'île un ordre admirable. La police s'y faisait
» aussi bien, sinon mieux que dans nos villes d'Europe, de sorte
» qu'un amiral français étant alors passé par ici disait à ses offi-
» ciers : *Messieurs, vous le voyez, il nous fallait abandonner ce
» poste pour que le bien s'y fît*. Plus tard, on est venu le réoccu-
» per, et je ne sais pourquoi, jaloux peut-être de tout le bien
» qu'y faisait la mission, on a voulu la détruire. Pour cela on a
» commencé par faire perdre aux chefs et au roi l'influence
» qu'ils avaient sur leurs sujets et on a renversé la police indi-
» gène.

» Le roi et les chefs n'ayant plus d'influence sur leur peuple
» et la police n'existant plus, tous les désordres se sont natu-
» rellement introduits. La moitié de la population était chré-
» tienne, le reste se préparait à le devenir prochainement, et
» voilà que l'on retourne à toutes les horreurs du paganisme,
» au tatouage, à la prostitution des fêtes païennes, à l'ivresse,
» à la polygamie, à la guerre et à l'anthropophagie. Le comman-
» dant particulier d'ici (le résident) n'a pas agi ainsi par lui-
» même. Il avait sans doute des ordres pour empêcher le bien,
» et du reste il les a parfaitement exécutés ; mais aujourd'hui il
» paraît très-embarrassé.

» M. de Kermel, lieutenant de vaisseau, choisi par M. de la
» Richerie comme résident de ces îles, est un homme inoffensif
» et toujours plongé dans des calculs mathématiques qu'il n'in-
» terrompt même pas lorsqu'il va par les chemins. Et néanmoins
» il a positivement détruit l'autorité de Temoana, renversé les
» lois établies, méconnu et rompu les mariages religieux dans
» un pays où l'on n'avait pas pu durant quinze années d'occu-
» pation établir l'état civil.

. . . . . . . . . . . . . . . . . . . . . . . . .

» Cependant, devant les dénégations formelles de M. de
» Kermel, au sujet de permissions *inouïes* que les indigènes lui
» attribuent, je suis conduit à croire, comme on le supposait à

» Papeete au départ de cet officier et des gendarmes, que M. de
» la Richerie a partagé les rôles. Il n'a dû envoyer personne
» inutilement. Dans les longues conversations, dont on parlait
» alors, il aura inculqué ses idées à M. de Kermel, tout absorbé
» dans ses rêveries creuses, et les gendarmes ne sont pas venus
» apporter l'ordre à Noukahiva puisqu'il y existait déjà. Le choix
» fait pour cet envoi suffisait pour en augurer mal.

» Le choix du résident lui-même, homme tellement absorbé
» qu'on le prend parfois pour un aliéné, condamne M. de la Ri-
» cherie. Dépositaire de l'autorité, M. de Kermel devait néces-
» sairement, en arrivant à Noukahiva, prendre le commande-
» ment et la direction. Mais pour maintenir l'ordre il faut savoir
» commander, or il en est incapable et ne sait pas se faire res-
» pecter des indigènes. »

Nous voyons par cette correspondance qu'envoyer cet officier à Noukahiva, c'était paralyser l'autorité existante sans la
remplacer ; c'était arracher les rênes du gouvernement aux
mains qui savaient les tenir pour les jeter à l'abandon. M. de la
Richerie avait tout calculé, car il connaissait trop bien celui qu'il
envoyait pour n'avoir pas prévu toutes les conséquences de cet
envoi.

A lui donc toute la responsabilité de ce que la mission de
Noukahiva, si prospère en 1860, était ruinée en 1861, et de ce que la
barbarie a de nouveau envahi ces îles. A lui la responsabilité,
parce qu'il a envoyé ce résident et que toutes les circonstances
se réunissent pour prouver qu'il a *positivement* préparé ce résultat déplorable.

Ses lois et ses poursuites contre le catholicisme à Tahiti,
l'opinion exprimée dans les lettres adressées de cette île à Noukahiva lors de l'envoi du résident ; l'inutilité de cet envoi, s'il
n'était pas dirigé contre la mission et l'impossibilité de lui assi-
gner un but raisonnable ; l'emploi des moyens les plus dissol-
vants et les plus propres pour arriver à la destruction ; la har-
diesse du résident pour détruire et le soin avec lequel il se re-
tranchait derrière des ordres reçus pour s'abstenir dès qu'il
fallait édifier ou retarder la ruine ; enfin les ordres positifs en-
voyés de Tahiti à différentes reprises « *de ne se mêler de rien* »
alors que la ruine menaçait ou qu'elle était déjà consommée,
tout révèle, tout indique et tout montre la pensée, la volonté et
la main de M. de la Richerie.

Oh ! combien ces faits permettent de voir dans son vrai jour l'esprit qui dictait les lignes suivantes écrites par ce Commissaire impérial à M. le Ministre de la Marine :

« *Ces mesures consisteraient principalement, selon moi, dans l'installation et le maintien à Mangarèva d'un résident dans des conditions analogues à celles de l'officier que j'ai installé aux îles Marquises.* »

(Lettre de M. de la Richerie au Ministre de la Marine, du 12 mai 1861.)

Mais revenons à Tahiti.

Lorsque M. de la Richerie prit la direction du gouvernement de cette île, la mission catholique était en plein développement. Les indigènes entièrement revenus des préventions grossières que les ministres méthodistes anglais leur avaient inculquées se montraient pleins de confiance dans les prêtres catholiques français.

Mgr Jaussen, évêque d'Axieri, était la plus haute influence morale de l'île; entouré de l'estime et du respect général, pas un jour ne s'écoulait sans voir des Tahitiens protestants, des notables surtout, venir le consulter pour leurs plus intimes affaires. La reine Pomaré elle-même, qui n'avait plus aucune confiance dans les interprètes anglais, bien qu'ils fussent assermentés et employés du gouvernement français, réclamait pour ses affaires délicates, l'évêque catholique comme son conseil et son unique interprète.

Les conversions étaient nombreuses dans les districts et le pensionnat des Sœurs de Saint-Joseph, qui comptait plus de cent élèves, permettait déjà d'espérer que les jeunes tahitiennes élevées dans ses murs n'en sortiraient qu'assez fortement nourries d'une saine morale pour que, liées aussitôt par les promesses du mariage chrétien, elles pussent échapper à la prostitution qui avait gangrené leurs mères.

Cet état de choses ne devait, hélas! pas durer.

A peine le nouveau Commissaire impérial fut-il au pouvoir qu'il s'entoura de jeunes officiers, et sous son influence dissolvante, ils devinrent pires que lui-même et outrèrent les idées et les façons d'agir du maître.

L'un d'eux, M. Xavier Caillet, nature honnête, mais doué d'un esprit étroit et d'un jugement faux, devint l'un des principaux instruments employés par M. de la Richerie. Ce dernier se l'était en peu de temps inféodé à un point tel que les Kanacks, gens pleins de finesse et possédant un grand esprit d'observation, s'étaient en peu de temps rendu compte des relations qui existaient entre cet officier et le Commandant Commissaire impérial et le nommaient : *te tavini no te tavana*, c'est-à-dire le serviteur, le serf du gouverneur.

Quatre mois, à peine, s'étaient écoulés depuis l'entrée en fonctions du nouveau gouverneur et déjà la confiance innée ou pour mieux dire filiale que les Tahitiens catholiques avaient toujours eue dans le gouvernement français s'était convertie en une terreur sourde qu'on ne saurait dépeindre : avec le temps cette terreur s'accrut au point d'empêcher un grand nombre d'entre eux de remplir leurs devoirs religieux. Interrogés sur les motifs qui les portaient à agir ainsi, ils répondaient : « Qu'ils » avaient peur. » « Le gouverneur avait juré », disaient-ils, « d'anéantir la religion catholique en Océanie. » Un blanc, un Européen, qu'ils ne nommaient pas tout d'abord, mais qu'ils désignèrent plus tard, à ceux en qui ils avaient une grande confiance par les mots *te tavini*, avait dit en parcourant les districts : « *Le gouvernement ne veut plus de catholiques à Tahiti. Il ne* » *leur donnera jamais d'emploi et il retirera leurs charges à ceux* » *qui sont de cette religion.* »

M. Caillet, alors chef d'état-major, venait de faire le tour de l'île, et voici le discours qu'il avait tenu au vieux et loyal Peeououe, chef catholique de Teahupoo, le plus noble de Tahiti après la reine Pomaré.

« *Le gouvernement ne sera jamais content que des Tahitiens se* » *fassent catholiques; le gouvernement pense que ceux-là sont des* » *gens faux et méchants, des hypocrites qui mettent le trouble dans* » *les districts, mais il est content de ceux qui pratiquent le protes-* » *tantisme et le gouverneur les protégera.*

» *Il est bon que tu ne pratiques pas le catholicisme. Moi je suis* » *catholique et j'ai grandi dans cette parole, mais parce que je sais* » *que c'est une fausse doctrine, ma pensée et ma foi sont protestantes.* » *Je sais parfaitement que le catholicisme est faux.* »

Le chef du district de Paea avait été influencé dans le même sens et un jour il disait : « *Je veux conserver ma foi, mais on est* » *bien méchant au gouvernement.* »

Le chef de la police du même lieu, nouvellement baptisé, disait : « *Je veux bien être catholique, mais je veux conserver mon* » *emploi.* » Il craignait d'être traité comme l'avaient été Teraï et Pouroua, agents de la police qui venaient d'être destitués, on ne sait pourquoi, si ce n'est parce qu'ils étaient catholiques.

Lorsque des Indiens avaient une grâce, une faveur à demander, ou bien s'ils avaient à réclamer de M. de la Richerie contre un déni de justice, ils savaient fort bien que pour n'être point repoussés, il leur fallait répondre par un *non* formel à la question inévitable : « *Es-tu catholique ?* »

De même que les lois citées dans les pages qui précèdent, les actes de ce gouvernement étaient hostiles aux chrétiens catholiques. Rappeler tous ces actes serait bien long, en citer un grand nombre serait trop pénible pour le cœur et fatigant pour l'attention. Nous nous bornerons donc à en raconter quelques-uns, pris au hasard, dans le tas.

En voici un :

Les ordonnances et les prescriptions de tous les gouverneurs français à Tahiti avaient jusqu'alors respecté les articles 4 et 5 du traité du protectorat qui garantissent à chacun le libre exercice de son culte et de sa religion. De temps à autre, soit pour redresser le zèle de quelque chef de district, appartenant à l'une des deux religions en vigueur dans l'île, soit pour rappeler à chacun ses droits à la tolérance religieuse, MM. les Directeurs des affaires indigènes faisaient publier dans le *Messager de Tahiti*, seul journal officiel, des avis semblables au suivant :

« *Messager de Tahiti*. — 2 avril 1857. — Texte tahitien.

» Le Directeur des affaires indigènes signifie aux chefs et
» aux conseils de districts de Tahiti et de Moréa, que lorsqu'il
» s'agit d'édifier ou de réparer une maison pour l'usage de tous
» les habitants d'un district, comme une maison d'école, il est
» nécessaire que tous les habitants du district y travaillent.

» Il n'en est pas ainsi d'une maison de prières, que ceux-là
» y travaillent dans le district, qui appartiennent au culte pour
» lequel est cette maison. Eux seuls édifient et réparent ces
» maisons-là. »

La loi sur le culte *national* protestant, celle sur les travaux publics, et tant d'autres lois défavorables aux catholiques, n'avaient pas encore vu le jour, soit parce que le temps nécessaire à leur élaboration avait manqué, soit plutôt parce que la Chambre des députés, destinée à les voter, n'avait pu être encore suffisamment *réduite*, et déjà M. le Commandant Commissaire impérial de la Richerie, oubliant tout ce qu'avaient fait ses prédécesseurs et ne tenant aucun compte du traité du protectorat, soumettait les Indiens catholiques à des travaux qui révoltaient leur conscience.

En effet, dans une visite qu'il fit des districts de l'île, il ordonna de réparer ou de construire plusieurs temples protestants.

Ni les ministres de ce culte, ni les chrétiens de cette communion n'avaient provoqué ces ordres ; la plupart d'entre eux s'en montrèrent peu satisfaits, car c'étaient de nouvelles dépenses à supporter et de nouveaux travaux à exécuter. M. de la Richerie ordonna que les Indiens catholiques participeraient à ces travaux.

Cette mesure était tellement injuste, tellement illégale, que beaucoup de protestants, eux-mêmes, en furent choqués. A Punavia ils ne voulurent point du concours des catholiques pour le travail de leur temple, en disant : « *Qu'obliger ces der-* » *niers à participer à ce travail était une iniquité révoltante.* » Malheureusement, tous les districts ne suivirent pas cet exemple, et le but de M. le Commandant Commissaire impérial fut atteint. Partout ailleurs, il fallut obéir. *Te tavana parau*, le gouverneur a parlé. Malheur aux récalcitrants, on les jugera sans loi (puisque la loi n'existe pas encore), on les jugera même contre la loi, car l'acte du protectorat a force de loi, ou mieux encore et c'est plus simple, on les punira arbitrairement.

Citons un second fait :

C'était dans le mois de septembre 1860. Le juge du district de Punavia avait été destitué. Les Indiens catholiques de cette circonscription espéraient pouvoir faire élire le candidat protestant qui leur était favorable et empêcher son concurrent, Pohue, frère de la chefesse, d'augmenter encore par son élection le pouvoir de sa famille trop considérable déjà.

Mais la chefesse, belle-sœur de l'anglais Darling, interprète du gouvernement et tout puissant auprès du gouverneur (1),

---

(1) Afin de donner une idée de l'influence de M. Darling sur M. de la Richerie, nous reproduisons ici un passage d'une lettre écrite à cette époque par un de nos amis qui était à même de bien voir et de bien juger. Voici ce passage :

« C'est lui (M. de la Richerie) surtout qui le défend chaleureusement, » le protége et le maintient envers et contre tous. Bien souvent tout le » monde sans exception à Tahiti, Européens et Indiens, Français et Anglais, s'était promis qu'elle ferait nommer son frère envers et contre tous.

Le jour du vote étant venu elle déclara que, seuls, quarante et un hui-raatiras (citoyens) désignés par elle, pourraient prendre part à l'élection. Tous les catholiques, sauf trois d'entre eux, *qu'elle croyait avoir gagnés à sa cause*, avaient été soigneusement exclus de la liste des votants. Cependant, malgré toutes ces précautions, ce ne fut qu'au troisième tour de scrutin que son frère Pohue fut élu juge du district.

Presque tous les hui-raatiras, tant protestants que catholiques, réclamèrent par écrit et collectivement contre la validité de cette élection. M. de la Richerie fit droit à cette protestation et ordonna de procéder à un nouveau vote, puis il envoya pour le surveiller M. Caillet, avec l'interprète Darling, beau-frère du candidat Pohue.

Les choses furent bien faites. On ne fixa ni l'heure de l'ouverture, ni celle de la clôture du scrutin, mais le jour du vote un assez grand nombre des électeurs furent exclus parce qu'ils s'étaient présentés à *neuf heures du matin*, après la fermeture des urnes. Nous croyons inutile d'ajouter que Pohue fut encore le candidat élu.

Parmi les hui-raatiras opposés à l'élection du beau-frère de Darling, étaient les nommés Teono et Tehoorau.

Le premier, protestant assez peu zélé, appartenait à une famille dont les tendances catholiques étaient bien connues, il était en outre l'oncle du candidat des catholiques.

Le second, Tehoorau, était un chrétien catholique zélé et

» colons et commerçants, catholiques et protestants, la reine Pomaré elle-
» même, que dis-je, les Chambres législatives en pleines séances publiques
» ont demandé avec les plus vives instances au commissaire impérial l'éloi-
» gnement des affaires du fameux Darling, vrai fléau du pays, ennemi
» également roué et perfide de l'influence française et de la cause catho-
» lique.

» Eh bien, tant d'efforts réunis, tant de réclamations imposantes, tant
» de chefs d'accusations amoncelés avec leurs pièces de conviction, n'ont
» abouti qu'à rendre cet homme dangereux et impopulaire, plus puissant
» et plus osé. Aujourd'hui plus que jamais il est le conseil ordinaire et le
» bras droit de M. de la Richerie ; l'inspirateur de ses ordonnances; le
» caissier de ses fonds indigènes, sans que le trésorier ou tout autre em-
» ployé de l'administration soit admis à exercer à son égard le moindre
» contrôle. »

l'un des hommes les plus influents du district, car il descendait de la famille des grands chefs de Raiatéa.

Quelques jours après la nouvelle et dernière élection, des mutoïs (gendarmes indigènes) arrêtèrent ces deux hommes et les mirent en prison ; puis ils furent conduits, à pied, de brigade en brigade, jusqu'à Papeete où ils comparurent devant M. de la Richerie comme coupables d'avoir apposé de fausses signatures sur la lettre collective par laquelle les gens de Punavia avaient protesté contre la première élection de Pohue.

M. de la Richerie, de son autorité privée, condamna ces deux hommes à quinze jours d'exil dans le district de Papeete, où ces malheureux n'avaient aucune ressource pour subsister. Cette punition fut ensuite prolongée et dura un mois. Si Teono et Tehoorau étaient innocents, les châtier était injuste; s'ils étaient coupables, le châtiment était trop doux.

Ils voulurent se justifier, mais on ne les écouta point; ils demandèrent à être jugés, mais M. de la Richerie ne le voulut pas. Pourquoi ? La réponse est facile à faire, c'est que les accusés ne savaient pas écrire et que tous les gens de Punavia, indiens et européens, étaient là pour en témoigner.

Terminons par un troisième fait pris aussi dans le tas ; c'était au mois de juillet 1862, deux ans plus tard que ce que nous achevons de raconter, et toujours dans le district de Punavia.

Les mutoïs réclamèrent l'impôt à trois enfants catholiques, *Hupehupe*, jeune garçon de quinze ans, *Teave* et *Noahu*, jeunes filles âgées de seize et de treize ans.

Le jeune garçon, effrayé par les mutoïs, paya l'impôt, mais les jeunes filles s'y refusèrent en invoquant la loi tahitienne sur l'impôt qui dit : « *Les filles qui ont dix-huit ans accomplis paieront seules l'impôt.* »

Elles furent mises en prison.

Le même jour, Putavahine, jeune femme catholique, accouchée de la veille, et dont le mari était absent, fut mise en demeure, par les mêmes agents, d'avoir à payer le double impôt des personnes non mariées. Elle s'y refusa, et malgré son état de faiblesse et de maladie, elle eût été traînée en prison si l'indignation de ses voisins et de ses parents ne se fût manifestée de façon à faire réfléchir les mutoïs.

Une lettre relatant les faits et réclamant en faveur des

enfants fut envoyée à M. de la Richerie. Le juge de Punavia reçut l'ordre de juger *Teave, Noahu* et *Putavahine*.

Lorsque le jour du jugement fut arrivé, les deux premières furent conduites de la prison devant le juge et la jeune mère dut se traîner jusqu'au tribunal, qui était éloigné de sa maison de plus d'un kilomètre. Voici ce qui se passa alors.

*Le Juge.* — « Noahu, pourquoi n'as-tu pas donné au mutoï
» l'argent qu'il te demandait? »

*Noahu.* — « Parce que je n'ai pas l'âge que porte la loi,
» c'est-à-dire dix-huit ans. Je n'en ai que treize, je suis née sous
» le commandement de Lavaud. »

*Le Juge.* — « Tu as raison. La loi est en ta faveur. Et toi Teave,
» pourquoi as-tu refusé de l'argent aux mutoïs? »

*Teave.* — « Parce que je n'ai pas l'âge que porte la loi,
» c'est-à-dire dix-huit ans. Je n'en ai que seize, je suis née sous
» le gouvernement de Lavaud. »

*Le Juge.* — « Tu es bien instruite, la loi est aussi en ta
» faveur. En effet, c'est bien là la loi, je la connais bien, moi ! »

« Mais toi, Putavahine, pourquoi au lieu de six francs que
» te demandait le mutoï, ne lui as-tu voulu donner que deux
» francs cinquante centimes. »

*Putavahine.* — « Parce que étant légitimement et légalement
» mariée, je ne dois payer que la taxe des personnes mariées. »

*Le Juge.* — « C'est parfait! Ta parole est bien conforme
» à notre loi de Tahiti.

» Mais vous ne savez donc pas, *vous autres papistes*, que nous
» fonctionnaires publics (feia mana, gens du pouvoir) nous n'ob-
» servons pas la loi, mais uniquement les ordres du gouverne-
» ment et parce que vous autres vous y êtes rebelles, voici votre
» punition :

» Toi, Noahu, je te condamne à payer quinze francs d'amende
» et à faire un mois de prison; tu paieras en outre la prison.

» Toi, Teave, tu auras la même peine que Noahu.

» Et toi, Putavahine, qui as été rebelle aux ordres du gou-
» vernement, tu auras également quinze francs d'amende à payer
» et un mois de prison à faire. »

Après cela les trois enfants, car la jeune mère n'était guère plus âgée que les deux autres, demandèrent un extrait du jugement afin de pouvoir faire appel, mais le juge refusa de le donner et les fit conduire en prison.

Plusieurs personnes s'intéressèrent à ces trois condamnées. M. l'ordonnateur Trillard plaida lui-même leur cause et celle de la justice auprès de M. de la Richerie, mais ce fut en vain. Tout ce qui put être obtenu du Commandant Commissaire impérial, après huit jours de sollicitations, ce fut qu'il donnerait la liberté à ces enfants s'ils lui adressaient *un recours officiel en grâce*, comme s'ils eussent été réellement coupables et justement punis.

C'est cependant, M. le Commandant Commissaire impérial Louis-Eugène Gaultier de la Richerie qui, le 12 mai 1861, avait écrit à Son Excellence M. le Ministre de la marine les lignes suivantes :

« *Quant à moi, monsieur le Ministre, je n'ai été guidé que par l'amour du devoir et par la profonde conviction que partout où flotte notre drapeau ce sont les principes de notre droit, de notre civilisation, qui doivent prévaloir et que nous ne pouvons souffrir qu'on marche dans une voie opposée.* »

(Extrait de la première lettre lue par M. le comte de Kératry, au Corps législatif, le 11 mars 1870.)

Papeete, août 1870.

J. P. CHOPARD.

## MM. LANDES ET DUPRAT

#### OU LES DEUX ENQUÊTEURS DES AFFAIRES DUPUY ET PIGNON

Leurs rapports et le procès-verbal du Conseil d'Administration de Tahiti.

> Il n'y a ni rime ni raison,
> En tout ce que vous refardez.
> PIERRE BLANCHET.

MM. Landes et Duprat sont les deux personnes envoyées à Mangarèva au mois de février 1861, pour y faire des enquêtes au sujet des plaintes de MM. Dupuy et Pignon.

Nous ne reviendrons pas sur les affaires de ces derniers. Comme nous l'avons dit, au mois de mai 1870, « ce sont de

» vilaines affaires », et pour tout honnête homme qui veut se rendre compte des choses, elles ne font honneur ni à Dupuy, ni à Pignon, ni à ceux qui les ont aidés.

Mais l'accusation portée par M. le comte de Kératry, devant la Chambre des députés, nous oblige à nous occuper des deux enquêteurs et à ne plus les laisser de côté comme nous avions essayé de le faire il y a peu de mois (1).

L'historique de la vie privée d'un homme jette ordinairement de vives lueurs sur sa vie publique et permet de juger des faits qui, sans cela, resteraient souvent inexplicables. Cependant nous ne parlerons pas de celle de ces messieurs, car nous ignorons la vie privée de M. Duprat, et quant à celle de M. Landes, il nous faudrait pour nous en occuper descendre jusqu'à la fange où ses passions le vautraient.

Nous ne parlerons donc que de l'enquête.

Le samedi, 23 février 1861, le brick de guerre français le *Railleur* arriva sur la rade de Mangarèva avec MM. Landes et Duprat.

Le dimanche 24 février ces messieurs demandèrent à la reine régente des îles Gambier, Maria-Eutokia, une entrevue qui leur fut accordée et fixée au lendemain lundi.

Le but officiel de cette visite était de s'entendre avec la régente au sujet des enquêtes que M. de la Richerie avait chargé ces messieurs de faire.

Le 25 février la reine reçut les enquêteurs. Elle avait auprès d'elle le régent Élias Téoa et le R. P. Laval.

Après les saluts d'usage, MM. Landes et Duprat demandèrent avant toute chose et avec instances la grâce de Dupuy.

A cette demande la reine répondit que : « Ces messieurs con-
» naissant seulement la conduite de Dupuy, par ce qu'il leur en
» avait raconté lui-même, il serait bon qu'avant d'implorer sa
» grâce, ils prissent connaissance des pièces de son procès. » Ils répondirent *l'un et l'autre* que « *ce qui avait été fait, ayant été*
» *accompli suivant les lois et les usages du pays mangarèvien, était*
» *bien fait, car Gambier avait le droit de se gouverner par lui-même.*
» *Que, quel que fût la faute commise par Dupuy, la régente pouvait*
» *faire grâce, et ce qu'ils demandaient c'était cette grâce.* »

---

(1) Voir la brochure : *Les Iles Gambier* et la brochure de M. Louis Jacolliot.

Maria-Eutokia ne voulut pas leur accorder leur demande et exprima sa volonté qu'avant toute chose ils prissent connaissance des pièces du procès. MM. Landes et Duprat insistèrent encore, mais la reine s'en tint à ce qu'elle avait déjà répondu.

C'est alors que M. Duprat s'écria : « Eh bien, concédez-nous
» la grâce et ensuite, puisque vous y tenez, nous prendrons
» connaissance des pièces du procès. — Mais, dit la reine, vous
» tenez donc, Messieurs, à agir sans connaître la cause ? M. Landes
» se pressa alors de prendre la parole pour mettre en doute la
» compétence du tribunal qui avait jugé et condamné Dupuy,
« parce que, dit-il, ce tribunal n'a pas été approuvé par M. le
» gouverneur de Tahiti. »

Maria-Eutokia répondit simplement : « Mais tout à l'heure,
» Messieurs, vous avez dit que *tout ayant été fait d'après nos lois
» et nos usages, c'était bien fait.* »

M. Landes revint alors à sa première façon de dire. Il reconnut que Gambier avait le droit de se gouverner par lui-même, et il ajouta : *Que la reine fasse toutes les réserves qu'elle voudra, mais qu'elle nous accorde cette grâce.*

La Reine refusa encore la grâce de Dupuy, et M. Duprat se leva et rompit la séance en disant : « Puisqu'il en est ainsi,
» nous commencerons demain les enquêtes. »

En effet, le lendemain, mardi, 26 février 1861, messieurs les Enquêteurs, suivis par quatre matelots armés, se rendirent chez la régente où une salle fut mise à leur disposition ; les quatre marins armés furent mis à garder la prison et quatre chefs gardiens de Mangarèva furent préposés au maintien de l'ordre dans la salle des séances, où le public pouvait entrer librement.

MM. Landes et Duprat firent prêter serment à leurs deux interprètes Guilloux et Marion, puis par trois fois ils demandèrent publiquement, à la régente, la grâce de Dupuy ; mais cela leur fut encore refusé.

L'enquête que ces messieurs commencèrent, en ce jour, avait trait à Dupuy et à Urbain Daniel. Ce dernier était un homme coupable d'avoir volé plusieurs onces d'or et auquel le premier avait servi de recéleur.

Dans l'instruction de cette affaire et lors des débats devant le tribunal de Mangarèva, on avait entendu *trente* témoins.

Les Enquêteurs se firent amener Urbain Daniel pour l'interroger. Ce malheureux était pâle ; il paraissait vivement impressionné et même troublé. L'interrogatoire commença. Il durait depuis assez longtemps déjà, lorsque Maria-Eutokia et Élias Téoa remarquèrent que l'émotion d'Urbain augmentait au point d'être douloureuse ; ils eurent pitié de lui, et lui adressant la parole, ils l'engagèrent à se rassurer, à parler sans crainte et à dire les faits tels qu'ils étaient et qu'il les connaissait.

« Reine, répondit le malheureux, et toi Togoïti (prince), ces
» deux chefs étrangers me font des questions que je ne com-
» prends pas et qui n'ont pas trait à ma faute. Peut-être, plus
» tard, serai-je interrogé sur mon vol et sur la complicité de
» Dupuy ! Mais ces deux chefs me font peur. »

M. Duprat avait, en effet, le visage sévère ; il frappait fréquemment de sa main les papiers qui étaient devant lui et accompagnait ses gestes de quelques sèches monosyllabes.

M. Landes l'imitait en tout.

Dès que l'interrogatoire d'Urbain fut terminé, on le reconduisit en prison, où les matelots du *Railleur* le gardèrent au secret.

Le procès-verbal de cet interrogatoire fut présenté à Élias Téoa et à deux chefs qui le signèrent sans en connaître le contenu. Il fut aussi offert à la Reine, mais elle refusa d'y apposer sa signature en disant qu'elle ne savait pas ce qu'il contenait, et en demandant pourquoi on ne l'avait pas traduit et fait connaître à Urbain et aux assistants. Ni l'un ni l'autre des Enquêteurs ne répondit à cette observation.

La seconde personne interrogée fut M. le vicomte Florit de la Tour. Ce vieillard prêta serment ; alors M. Landes se crut obligé de faire un petit discours aux assistants pour leur expliquer la gravité du serment prêté devant un magistrat, et celui qu'il allait interroger et qui était aimé et respecté de tous les assistants ajouta : « *Le serment est surtout grave parce qu'il a*
» *Dieu pour témoin et qu'il nous engage envers lui. Devant Dieu le*
» *serment du juge et celui du témoin sont les mêmes. Le juge*
» *promet de chercher bien réellement la vérité et toute la vérité,*
» *et le témoin jure de bien la dire.* »

Après ce petit incident, l'interrogatoire commença, mais il fut bref. Appelé à le signer, M. de la Tour fit observer qu'il aurait bien des choses à dire à MM. les Enquêteurs, s'ils voulaient acquérir une exacte connaissance des faits, et que puisqu'on lui avait fait jurer de dire toute la vérité, on devrait bien le mettre à même de le faire.

M. Landes répondit que cela n'était pas nécessaire. M. de la Tour insista encore, mais en vain; il mit alors les Enquêteurs en demeure de l'entendre, mais ils s'y refusèrent. C'est après cela qu'il leur envoya une déposition écrite à laquelle ils crurent devoir répondre par une lettre qui disait : « Nous ne recon-
» naissons pas à M. de la Tour le droit d'exiger que sa déposi-
» tion écrite soit jointe au dossier, parce que cela est contraire
» aux prescriptions du code d'instruction criminelle français, et
» nous regrettons même de connaître les détails contenus dans
» cette déposition, parce qu'ils nous induisent à penser que le
» R. P. Laval n'aurait pas dû juger dans l'affaire Dupuy, à
» cause des prescriptions du même code. »

Le soir de ce même jour, c'est-à-dire du 26 février 1861, MM. Landes et Duprat firent transporter leur bureau dans la prison d'Urbain, ils s'y enfermèrent, *seuls avec lui*, depuis le coucher du soleil jusqu'à dix heures de la nuit et ils l'interrogèrent (1).

Plus tard Urbain, sorti de sa prison, disait en présence d'Akakio de Taku, Bernardino Agatoroniko, Niro, Tomiko, Adriano et Antonio Mahoï, « qu'on lui avait fait peur et qu'on
» n'avait pas voulu l'entendre sur les questions ayant trait à la
» culpabilité de Dupuy, son complice. »

Le jeudi, 28 février, Urbain fut encore interrogé puis remis au secret. Sa femme lui écrivit une lettre que M. Duprat ne voulut point laisser parvenir à sa destination; néanmoins il permit au geôlier Rafaël de communiquer avec le prisonnier pour lui faire savoir que sa femme le *saluait*. C'est dans cette occasion qu'Urbain put dire à Rafaël. « J'ai beaucoup de peines. Je suis
» intimidé. On me fait des questions qui n'ont point trait au ju-
» gement de Dupuy ni au mien et je n'arrive pas à pouvoir dire
» ce que je voudrais faire connaître. »

Le 1er mars 1861, Urbain écrivit, de sa prison, à M. Duprat, une lettre dans laquelle on lit le passage suivant :

« Commandant, je pensais que vous aviez cru à tout ce qu'il
» (Dupuy) vous avait dit et qu'il n'y avait pas moyen de vous
» faire croire que c'était le contraire. J'avais peur de cela et de
» vous, et puis de votre arme. Il faut donc, Commandant, que je
» répare tout cela, et je pense que vous voudrez bien me croire,

---

(1) Urbain parlait et écrivait la langue française.

» Je vous avertis que J. Dupuy et moi nous sommes coupables
» tous les deux. Veuillez me croire, Commandant, parce que
» cela est bien la vérité.
» Signé : URBAIN. »

Tels sont les faits dans toute leur simplicité.

Voyons maintenant ce qu'ont dit les Enquêteurs :

Dans son rapport, daté du 12 avril 1861, et dans l'annexe qu'il y a joint avec la date du 4 mai de la même année, M. Duprat ne parle pas de l'affaire de Dupuy. M. Landes observe le même silence dans son rapport du 2 mai 1861. Mais dans leur rapport collectif, ces messieurs disent : « Qu'ils n'ont vu de » témoins qu'Urbain Daniel, et que tout pour Dupuy dépend » de cette déposition. » Ils considèrent la déposition d'Urbain comme étant favorable à Dupuy et en concluent l'innocence de ce dernier. Quant à la lettre écrite et adressée le 1ᵉʳ mars à M. Duprat, et dans laquelle Urbain accuse Dupuy et rétracte ses autres dépositions, ils l'attribuent à « une influence et à des » pressions. »

L'extrait des séances du Conseil d'Administration de Tahiti, dont parle M. de la Richerie dans sa lettre au Ministre, comprend les séances du 7 et du 8 avril 1861. Dans celle du 7 mai seulement, il est parlé de l'affaire Dupuy, et voici tout ce qui en est dit :

« La première affaire sur laquelle ont porté les investigations
» de ces messieurs, du *Railleur*, est la condamnation à la prison,
» à l'amende et à l'expulsion contre le Français Dupuy, par
» le tribunal mixte de Mangarèva, que préside le Père Laval.

» M. Landes lit le jugement en date du 16 avril 1860, dont
» copie conforme a été signée de M. Laval avec le titre de pré-
» sident du Conseil mixte (1); le jugement des 16 et 17 jan-

---

(1) Décision du Conseil mixte dans l'affaire d'Urbain Daniel et de Jean Dupuy.

Urbain Daniel est reconnu coupable de vol, commis au préjudice de M. de la Tour, consistant en 9 onces, une pièce de 20 francs et 3 piastres ou pièces de 5 francs. Le Conseil mixte le reconnaît à l'unanimité.

M. J. Dupuy est reconnu à l'unanimité être coupable de tentative de recel dans le susdit vol d'Urbain.

. . . . . . . . . . . . . . . . . . . . . . . . . . . .
. . . . . . . . . . . . . . . . . . . . . . . . . . . .

Il est reconnu à l'unanimité que M. J. Dupuy est coupable d'avoir voulu

» vier 1861 (1), qui condamne Dupuy pour avoir *voulu commettre*
» l'adultère, certifié par M. Laval, président du Conseil mixte,
» et diverses autres pièces, entre autres l'interrogatoire à la
» prison de Mangarèva. »

---

faire accroire au peuple qu'il était délégué de l'empereur Napoléon, pour n'être point repris dans ses actions.

. . . . . . . . . . . . . . . . . . . . . . . . . . . . . . . . .
. . . . . . . . . . . . . . . . . . . . . . . . . . . . . . . . .

En conséquence, le susdit Urbain Daniel est condamné à un an de prison, tant prison que travail d'utilité publique ; puis à un baril de nacre pour amende et aux frais et dépens de la procédure, avec M. J. Dupuy, une moitié chacun.

M. Dupuy, lui, est condamné à un an de prison, à ses frais et dépens et à être renvoyé pour toujours des îles Mangarèva par le premier navire qui pourra le prendre pour Tahiti ou pour Valparaiso, et, en outre, à 100 francs d'amende et 40 piastres de frais, conjointement avec le susdit Urbain.

Fait à Mangarèva, le 16 avril 1860.

En foi de quoi ont signé :

Fr. Honoré Laval, président du Conseil mixte ; P. A. Chosson, A. Marion, G. Soulié, Fabien Coste, Jacques Matereikura, Élias Téoa, Marino Putéoa, Antonio Marakauke, Fauro Reotika, juges.

(1) Il y a une erreur de rédaction dans le nom du mois et dans le chiffre de l'année, car Dupuy a quitté Mangarèva le 10 mai 1860, sur l'*Antonia*, capitaine Schulze. C'est avril 1860 qu'il fallait écrire.

*Décision du Conseil mixte, dans l'affaire de J. Dupuy et de Rose Guilloux, femme d'Étienne Temareveriano.*

Le sieur J. Dupuy et Rose ayant été convaincus d'adultère, commis dans la nuit du 7 au 8 avril 1860, ont été condamnés, par le Conseil mixte, à l'unanimité :

1° Le susdit J. Dupuy, à trois mois de prison et aux frais et dépens, temps qui ne doit pas être confondu avec l'année de prison prononcée précédemment, et à 100 piastres de dommages et intérêts, pour faire droit à la requête du mari, le nommé Etienne Temareveriano (Teakorotu) et du père de Rose, le sieur Jean Guilloux. En outre, J. Dupuy est condamné à 20 piastres d'amende en punition du susdit adultère ;

2° Rose Guilloux, à 3 mois de prison et à un baril de nacre d'amende.

Fait à Mangarèva, le 17 avril 1860.

En foi de quoi ont signé :

Fr. Honoré Laval, président ; P. A. Chosson, A. Marion, Fabien Coste, G. Soulié, Jacques Matereikura, Élias Téoa, Akakio Matereikura, Paoro Reotika, juges.

« M. Landes continue la lecture du compte-rendu et s'arrête
» à la conclusion de l'innocence de Dupuy, dont le seul et
» unique accusateur est un indigène subissant une pression
» continuelle, lequel cependant déclare l'innocence de Dupuy à
» deux fois différentes, *à la prison,* et devant trois chefs manga-
» rèviens. » (Voir les interrogatoires des 26 et 28 février, faits par
MM. Duprat et Landes.)

Dans tout cela, le procès-verbal du Conseil d'Administration ne dit au fond que ce qui est dans le rapport collectif
Duprat et Landes. Cela est naturel, ce sont ces deux messieurs
qui seuls ont parlé dans les deux documents.

Analysons un peu leurs dires et leurs actes.

MM. Duprat et Landes n'ont vu, disent-ils, qu'un témoin,
Urbain Daniel! Pourquoi donc ne parlent-ils point, dans cette
affaire, de M. le vicomte Florit de la Tour, ni de ses protestations, ni de sa déposition écrite ? Et puis, ce n'est pas le
manque de témoins qui a pu les gêner dans l'élucidation de
cette affaire, car les juges de Mangarèva, qui avaient mis beaucoup de soins et de conscience dans leurs recherches de la vérité
et dans leur jugement, n'avaient pas craint de faire comparaître
devant le tribunal les trente témoins dont les noms suivent :

Ireneo Putetoa, — Vinikenetio a pauro Matiki, — Henri, —
Ephrem, — Anatatio Matamakai, — Maratino Matokunuto, —
Augustino Pokiturau, — Joane ote Etua Maomoto, — Amapi-
roko, — Matamoe, — Vareriano Matookura, — Joane Marapaere,
— Venekearo Mamakai, — Tirivetero Ma..., — Rapaere a Ka-
nuto, — Uparatio, — Karirepo, — Perenaratino, — Timoteo, —
Daniel Guilloux, — Rino Magotorieva, — Jacques Guilloux, —
Juriano Temauri, — Louis Teitei a Mahai, — Kanuto Teogaï,
— Hirario Mamagiti, — Atauto Matitiou, — Karore Mapurei, —
Maratino Pupuko, — Anatonio, — Florit de la Tour.

Ce dernier ne fut interrogé qu'à titre de renseignements.

MM. les Enquêteurs basent l'innocence de Dupuy sur la
seule déposition d'Urbain Daniel. Or, comme ce dernier était un
voleur et qu'il avait été condamné comme tel après avoir avoué
son crime, il s'en suit que, d'après eux, il suffit du témoignage
d'un voleur pour innocenter son complice.

En ce qui touche les rétractations d'Urbain et sa lettre
à M. Duprat, ces messieurs se bornent à dire qu'elles sont dues
à une influence et à une pression continuelle, mais ils n'expli-

quent point ce qu'ils entendent par là ni comment elles pouvaient agir sur Urbain Daniel, alors qu'il était en prison au secret et sous la garde de marins français.

La séance de nuit, qui eut lieu dans la prison, le 26 février, quelques heures après un long interrogatoire public, et dans laquelle Urbain Daniel, *seul* avec MM. Duprat et Landes, eut à répondre, depuis six heures jusqu'à dix heures du soir, à leurs questions, ainsi que la lettre écrite au 1er mars à M. Duprat, ne donnent-elles pas à penser, avec raison, que si Urbain a subi une pression, elle est due à MM. les Enquêteurs ?

Considérons maintenant la partie de l'enquête qui a trait à Pignon.

La lettre collective des Enquêteurs dit : « Qu'ils ont fait
» venir Pignon pour formuler ses réclamations (pièces nos 53 et
» 54 du dossier, datées du 25 février et du 1er mars 1860) ; qu'ils
» ont demandé amiablement à la régente, 150,000 francs d'in-
» demnités; qu'ils ont fait prêter serment à Akakio Tematerei-
» kura, lequel sans doute *avait sa leçon faite d'avance ;* qu'ils
» l'ont interrogé durant quatre heures, mais qu'ils n'ont pu
» rien tirer de lui; qu'il avoue n'avoir loué son terrain à Pignon
» que pour trois ans, et qu'ils ont fait établir un inventaire
» par MM. Manson et de la Tour pour servir de base aux
» indemnités. »

Le procès-verbal de la séance du Conseil d'Administration dit :

« La discussion continue par la lecture du rapport de MM. Du-
» prat et Landes, relative à l'affaire de M. Pignon. M. Landes lit
» la requête de M. Pignon, du 1er mars 1861, et divers juge-
» ments des Conseils mixtes. »

« A ce sujet, le Commissaire impérial fait observer qu'il est
» extraordinaire qu'il n'y ait qu'une seule juridiction et il doute
» qu'on puisse admettre que des jugements de cette forme soient
» mis d'exécution sans appel. »

« M. Landes lit les interrogatoires d'Akakio, de Jacques
» Guilloux, de Marion et de Daniel Guilloux. Nos conclusions,
» dit M. Landes, ont été formulées le 13 mars dans une lettre
» que nous avons adressée à la régente. Celle-ci, ou plutôt,
» M. le vicomte Florit de la Tour, a répondu par un long

» commentaire du 15 mars, dans lequel toute conciliation, toute
» concession est rejetée. (Cette lettre est lue par M. Duprat) (1). »

Dans la même séance il est établi, sur les dires de MM. Duprat et Landes, que M<sup>me</sup> Pignon continue son commerce et qu' « *elle a repris les marchandises qu'on avait transportées hors
» de chez elle.* »

MM. Landes et Duprat « firent venir Pignon pour qu'il
» formulât sa demande d'indemnité. » Ce qu'il fit à deux reprises différentes, le 25 février et le 1<sup>er</sup> mars.

Le 25 février il réclamait :

| | |
|---|---:|
| 1º Pour magasin et mobilier. | 100,000 fr. |
| 2º Pour dégradation de propriété. | 50,000 |
| 3º Pour la goëlette *Marie-Louise*. | 30,000 |
| Total. | 180,000 fr. |

Le 1<sup>er</sup> mars, c'est-à-dire trois jours plus tard, il demandait :

| | |
|---|---:|
| 1º Pour un quai. | 40,000 fr. |
| 2º Pour une maison en roseau. | 10,000 |
| 3º Pour marchandises et mobilier. | 60,000 |
| 4º Pour affaires arrêtées. | 40,000 |
| Total. | 150,000 fr. |

Cette différence entre les deux demandes présentées par Pignon n'inspira aucune réflexion aux Enquêteurs ; elle ne fit naître en eux aucun doute sur la probité de ce commerçant ni sur sa capacité à estimer sérieusement les dommages qu'il prétendait avoir soufferts.

Ils admirent sa seconde demande sans y trouver à redire ; ils ne virent aucun changement à y faire, même lorsque, quelques jours plus tard, les experts nommés par eux eurent établi que le dommage souffert par la maison était de 761 francs et 60 centimes, que celui souffert pour les marchandises et le mobilier était de 464 francs, et que, d'ailleurs, M<sup>me</sup> Pignon avais repris les marchandises.

Ils ne firent estimer ni le quai, ni le commerce de Pignon, et ne songèrent pas à s'assurer si la cessation de son commerce avait été volontaire ou forcée. Il eût cependant été facile de faire vérifier les livres de ce négociant et de voir quel était le

---

(1) On peut lire cette lettre dans l'écrit « *Les Iles Gambier et la brochure de M. Jacolliot.* »

nombre de tonneaux de nacre vendus annuellement, ainsi que leurs prix d'achat et de vente.

La *légèreté* mise par MM. Landes et Duprat dans la conduite de leur enquête se retrouve aussi dans la rédaction de leur rapport collectif ; ainsi ils y disent : « Qu'ils ont interrogé Aka-
» kio Tematereikura durant quatre heures ; qu'ils n'ont pu rien
» tirer de cet homme, et qu'il n'avait loué sa propriété à Pignon
» que pour trois ans. » Or, en lisant le plumitif de M. Landes et l'interogatoire d'Akakio, *qui est très-catégorique*, on est étonné de voir combien l'assertion « qu'ils n'ont rien pu tirer de cet homme » s'éloigne de la vérité, et l'on n'y trouve point qu'Akakio ait dit n'avoir loué sa propriété à Pignon que pour trois ans.

*La légèreté* de ces deux messieurs a été telle, qu'ils n'ont pas songé que le *plumitif pourrait rester au dossier*.

Après cela, devons-nous prendre la peine de discuter les autres allégations contenues dans les rapports de MM. Landes et Duprat, soit qu'elles aient trait à *la loi de fustigation* ou encore *au commerce* des missionnaires ou bien à *tout autre chose ?* Nous ne le croyons pas nécessaire.

Quant à ce qui est du Conseil d'Administration, les procès-verbaux de ses séances montrent que *tous* parmi ses membres, et notamment M. l'ordonnateur Trillard, n'étaient pas bien convaincus de la vérité des accusations portées contre Gambier. Leurs convictions ne pouvaient d'ailleurs s'établir que d'après les assertions de MM. Landes et Duprat ou sur les pièces qu'ils avaient dressées (1).

En vérité, tout ce qu'il y a de mieux à dire sur cette séance du Conseil d'Administration de Tahiti, se trouve dans les vers suivants :

« Ma foi, disait un chat, de toutes les merveilles
» Dont il étourdit nos oreilles,
» Le fait est que je ne vois rien.
» Ni moi non plus, disait un chien.
» Moi, disait un dindon, j'y vois bien quelque chose...

. . . . . . . . . . . . . . . . . . . . . . . . . . . . . .

FLORIAN. — *(Le singe qui montre la lanterne magique.)*

(1) Nous devons à la vérité de dire qu'il nous a paru ressortir de l'étude que nous avons faite de ces procès-verbaux, qu'un gros négociant, faisant partie du Conseil, croyait à ce que voulaient prouver MM. les Enquêteurs.

En terminant, nous allons reproduire la lettre que la régente des Gambier écrivait à S. Exc. M. le Ministre des Colonies, à la suite de cette enquête, et qui fut perdue, croyons-nous, avec les pièces qui l'accompagnaient.

Voici cette lettre :

« *A Son Exc. le Ministre des Colonies françaises, à Paris.*

» Seigneur très-élevé,

» Depuis plus de dix-sept ans que nous sommes sous la
» protection de la France, nous nous étions toujours gouvernés
» d'après nos antiques usages et les lois nouvellement établies
» sous le christianisme et d'après même les conseils de tous les
» gouverneurs de Tahiti, depuis M. Bruat jusqu'à M. de la
» Richerie. Et voilà qu'aujourd'hui, pour avoir exécuté, dans
» les affaires Jean Dupuy et Jean Pignon, son oncle, les sen-
» tences portées par le Conseil mixte du pays (légalement établi
» par feu Grégoire, mon époux), je vois arriver un navire de
» guerre, le *Railleur*, pour venir faire des enquêtes sur ces
» affaires. Cependant, quelles sont les dernières paroles de
» l'honorable M. de Cintré, commandant de la *Thisbé*, lors de
» son passage ici, il y a un an ? Les voici, fidèlement traduites
» par l'interprète de M. le Commandant : « *Dites à Sa Majesté*
» *que j'ai été envoyé par M. Saisset pour la rassurer, pour la*
» *protéger, et que tout ce qui s'est fait et qui se fait dans le pays*
» *d'après les lois locales, est chose sacrée.* »

» M. Bruat, avant, avait écrit au R. P. Cyprien Liaussu,
» représentant du gouvernement français : « *Que nous n'avions*
» *qu'à renvoyer de nos îles ceux qui y mettraient le désordre;*
» *que nous étions maîtres chez nous.* »

» M. de la Richerie lui-même, lors de son passage ici, a
» trouvé comme étant une bonne institution, la création d'un
» Conseil mixte, pour juger les affaires entre les Européens et
» les Indigènes, et d'un Conseil purement européen, pour les
» affaires entre Européens seuls. « *Les décisions de ces deux*
» *Conseils, a-t-il dit, sont inattaquables et sans appel* (1). »

» D'où vient donc, très-élevé seigneur, qu'aujourd'hui on
» veut chercher à faire croire le contraire à mes gens, dans
» l'affaire de Jean Pignon et de son neveu ? D'où vient qu'on
» n'entend que ce qu'on veut bien entendre, en ne consultant

---

(1) Comparer ce dire avec celui de la page 40, ligne 30 et suivantes.

» que la partie adverse, afin de trouver innocents des gens pour
» lesquels nous avons eu une indulgence poussée au-delà des
» bornes de la modération ordinaire, bien qu'ils ne voulussent
» pas se soumettre aux lois du pays, parce qu'ils sont Français,
» disent-ils ?

» M. Pignon a souvent fait partie du Conseil mixte et du
» Conseil européen dont il est membre de droit d'après sa nomi-
» nation écrite, de feu Gregorio, mon époux, et il n'a jamais
» décliné la validité de ces conseils tant qu'il ne s'agissait que
» d'autrui ; mais à présent que c'est contre lui que le Conseil
» mixte a rendu sa sentence, pour injures graves envers nous,
» les chefs et les membres dudit Conseil et pour avoir voulu
» s'approprier un terrain qui ne lui appartenait pas, il voudrait
» l'éluder et nous a écrit : *Qu'il protestait contre tous les jugements*
» *rendus;* et il a dit maintes fois de vive voix, que c'est *parce*
» *qu'en sa qualité de Français il ne reconnaissait pas les lois et les*
» *coutumes du pays* ; cependant, il a comparu dans les différentes
» séances qui ont eu lieu à son occasion pour les susdites affaires.

» Seigneur très-élevé, j'ignore le sort que la divine Provi-
» dence réserve à mon fils et au pays ; mais, comme régente,
» j'ai cru qu'il était de mon devoir de vous faire connaître la
» vérité, ne doutant pas un instant que, dans votre haute sagesse,
» vous ne fassiez droit à mes réclamations. Je demande donc
» que les décisions du Conseil mixte soient maintenues, tant
» dans l'affaire Pignon, que dans l'affaire Dupuy :

» 1º Parce que M. le commandant Duprat et M. Landes,
» chargés de faire l'enquête, n'ont pas voulu voir les pièces des
» jugements rendus ;

» 2º Parce qu'ils n'ont pas voulu non plus faire la contre-
» enquête ordonnée par M. de la Richerie, en présence du
» R. P. Laval, président du Conseil mixte ;

» 3º Parce que dans l'enquête de l'affaire Dupuy ils n'ont
» interrogé que le complice de Dupuy, le nommé Urbain Daniel,
» qu'ils ont mis au secret depuis le 26 février au soir jusqu'au
» 28 à midi. Il est vrai que M. le vicomte Florit de la Tour, à
» qui l'argent volé appartenait, a été interrogé, par ces deux
» messieurs le 26 février, sur quelques particularités favorables
» à Jean Dupuy ; mais ils n'ont pas voulu savoir le tout, et c'est
» pour cela que le susdit M. de la Tour a protesté par écrit ce
» jour-là même.

» 4º Parce que le jugement du susdit J. Dupuy n'a pas été
» rendu sur le dire ou révélations dudit Urbain Daniel (ces
» révélations n'ayant été considérées que comme renseigne-
» ments), mais bien sur l'audition de nombreux témoins et sur
» le vu des pièces de conviction.

» Daignez, très-élevé seigneur, prendre en considération
» cette supplique,

» J'ai l'honneur d'être, etc.

» *La Régente des îles Gambier,*
» MARIA EUTOKIA. »

P.-S. — Maintenant, seigneur très-élevé, j'ai l'honneur de vous prévenir qu'à cette supplique je vais joindre plusieurs autre écrits : 1º mes réponses à la lettre que M. le commandant Duprat et M. Landes viennent de m'écrire ; 2º j'y joindrai aussi une partie des pièces du dossier de l'affaire Pignon, savoir : depuis le nº 1 jusqu'au nº 10 inclusivement ; 3º trois pièces du procès Dupuy savoir : le verbal du R. P. Laval et deux décisions du Conseil mixte.

Je m'arrête ici pour ces pièces parce que le *Railleur* est sur son départ.

J'ai l'honneur de vous saluer profondément, seigneur très-élevé,

*La Régente des îles Gambier.*
MARIA EUTOKIA.

Papeete, août 1870

J.-P. CHOPARD.

## M. LE COMTE ÉMILE DE LA RONCIÈRE

« Toutefois il faut, dans ce pays, moins d'argent que
» de personnel. Je ne parle pas de ce personnel banal
» qu'on pourrait appeler d'exportation et qui s'expédie
» partout, mais d'un personnel *ad hoc*, et non encore
» de ce personnel si souvent taré dont on gratifie les
» colonies, sans songer que cela donne aux étrangers,
» qui y sont ou qui y viennent, une bien triste idée des
» employés français. »
(*Extrait du cahier de M. le comte Emile de la Roncière.
— Service administratif à Tahiti.*)

*Risum teneatis amici!* L'homme qui a écrit les lignes qui nous servent d'épigraphe, est celui qui a commencé sa carrière administrative par les dix années de réclusion du procès de Saumur, et qui l'a terminée par le procès inique fait à M. le commissaire-adjoint Boyer, par ce procès qui ajoute, si c'est possible, à l'infamie de celui qui ordonna de le faire et qui sera, à jamais, la flétrissure honteuse des juges qui y ont pris part. En un mot, c'est M. le comte Emile de la Roncière. C'est l'homme dont les dépêches au Ministre de la Marine mises en regard les unes des autres, obligent à dire : « C'est un.... *zélateur infidèle de la vérité.* » M. l'amiral Dieudonné, qui dans ce ministère, a longtemps occupé une haute position, peut se rappeler qu'un jour, dans son cabinet, M. Bonet, lieutenant de vaisseau, lui prouvait, pièces officielles en main, que cette qualification convenait fort bien à M. le Commandant commissaire impérial comte Emile de la Roncière.

Durant ces dernières années, un assez grand nombre d'officiers de la marine française sont venus à Tahiti. Tous ils y ont séjourné un temps plus ou moins long, et bien que les noms de la plupart d'entre eux soient effacés de notre mémoire, nous pouvons en citer quelques-uns, qui sont : MM. de Kerangal, de Rulhières et de Watre, capitaines de frégate ; MM. Carrey, Bonet, Parrayon et Pescheloche, lieutenants de vaisseau ; ces Messieurs, nous en sommes convaincu, si on les interrogeait, diraient tous comme nous.

Mais nos lecteurs, ou du moins la plupart d'entre eux, ne connaissent point les honorables officiers dont nous venons de citer les noms, ils ne pourront donc point avoir recours à leur témoignage pour vérifier notre dire. C'est pourquoi il nous faut le justifier d'une autre façon, car jeter au visage de qui que ce soit, *même à celui de M. Emile de la Roncière*, l'épithète que nous avons voilée plus haut, est une chose grave devant Dieu et devant les hommes.

Le fait suivant y suffira, pensons-nous.

M. le comte Emile de la Roncière, Commandant commissaire impérial à Tahiti, avait attaché à sa personne, en qualité d'officier d'ordonnance, M. l'enseigne de vaisseau René-Jules-Edouard Moriceau. Ce jeune homme, à qui cette position créait de nombreux loisirs, s'empressa de les utiliser en se donnant les ennuis d'une passion sérieuse, et s'éprit d'une jeune fille qui, à tous égards, mérite l'amour d'un honnête homme. Il demanda sa main et aussitôt qu'elle lui eût été accordée, il sollicita de Son Exc. M. le Ministre de la Marine, l'autorisation sans laquelle nul officier ne peut se marier. Dans le même temps, le jeune Moriceau écrivit à ses fournisseurs pour qu'ils eussent à lui envoyer, dans le plus bref délai, tous ces objets élégants, mais coûteux, qui composent d'ordinaire une corbeille de mariage. Le bruit public (car de quoi ne se mêle point le public) disait que tout serait digne de la gracieuse fiancée et de l'amour du futur époux.

Hélas! souvent femme varie, a dit quelqu'un! que n'eût-il point dit s'il eût parlé des jeunes filles ? Un jour, mademoiselle M... S... reprit sa parole et tous ces beaux projets s'évanouirent.

M. Moriceau, blessé dans son amour, était en outre fort ennuyé d'avoir à payer une foule de colifichets dont il n'avait plus que faire. Leur arrivée cependant était imminente, et peut-être même étaient-ils parvenus déjà à San-Francisco.

Monsieur le Commissaire impérial de la Roncière, auquel le jeune officier d'ordonnance fit part de ses ennuis, se résolut à lui venir en aide et pour cela il écrivit à M. le Consul général de France à San-Francisco une lettre officielle où il lui annonçait, *avec douleur*, la mort de M. Moriceau, enseigne de vaisseau de la Marine impériale. Il l'informait en outre que ce jeune homme ayant fait en France de nombreuses et importantes demandes de fournitures, il croyait devoir, dans l'intérêt des marchands eux-mêmes, le prier de les avertir, par le télégraphe, de la mort inattendue de cet officier. Dans sa sollicitude (pour les fournisseurs), M de la Roncière avait pris soin d'envoyer au Consul un billet signé de sa main et dont le contenu était le télégramme à faire parvenir.

Cette lettre et ce télégramme sont des pièces officielles, nous les avons *vues et lues* au Consulat de France à San-Francisco.

M. le contre-amiral Cloué les a vues aussi au mois d'août 1869, et il en a peut-être envoyé des copies à Son Exc. l'amiral Rigault de Genouilly, ministre de la marine, auquel d'ailleurs, nous le savons, M. le Consul général de France à San-Francisco en a fait tenir des copies légalisées.

Plusieurs des Français qui habitent la capitale de la Californie connaissent cette histoire et ont vu les pièces dont nous parlons. Le télégramme de M. de la Roncière ne put parvenir assez tôt à tous les fournisseurs, et les marchandises de certains d'entre eux durent être vendues soit pour leur compte, soit pour celui de la succession de feu M. Moriceau.

Heureusement les lettres et les télégrammes font rarement mourir, aussi le jeune officier, qui jamais à Tahiti n'avait été malade, aura nous l'espérons conservé la splendide santé que nous lui avons connue au moment même où M. le comte Émile de la Roncière annonçait sa mort (1).

Ce commandant Commissaire impérial est arrivé à Tahiti le onze octobre 1864. Ses appointements s'élevaient alors à 15,000 francs par an sans aucun supplément. Cette somme n'était vraiment pas suffisante dans un pays où tout est cher, aussi sollicita-t-il une augmentation annuelle de dix mille francs pour frais de représentation, et la dépêche ministérielle qui les lui accorda, à compter du 1er janvier 1865, ne fit que pourvoir à un besoin réel.

M. de la Roncière aimait à faire *confortablement* les honneurs de sa maison. Il recevait assez souvent, donnait de bons dîners et de jolies soirées. Il entretenait un nombreux personnel de domestiques, les battait quelquefois, leur payait des indemnités et avait voiture et chevaux.

Ses dépenses étaient assez considérables, car en dehors de ce que lui coûtait son train de vie, il a eu à payer chez divers marchands des notes assez élevées L'une d'elles, entre autres,

---

(1) Rapprocher cet acte de M. E. de la Roncière de l'article 146 du code pénal.

s'élève pour la seule année de 1867, à *douze mille cent dix-huit francs et soixante centimes*. Aussi croyons-nous que la somme annuelle de vingt-cinq mille francs qui lui était allouée lui suffisait *à peine*.

M. le capitaine de vaisseau de Jouslard le remplaça dans ses fonctions, le 4 juin 1869; il a donc occupé le poste de Commandant Commissaire impérial à Tahiti, durant *quatre ans, sept mois et vingt-quatre jours*.

Nous plaçons ci-dessous le relevé de tout l'argent qu'il a reçu et qui lui était dû par l'État pour ce temps de service.

Ce relevé est pris aux sources officielles (1).

| ANNÉES | SOLDE | FRAIS DE REPRÉSENTATION | FONDS SECRETS |
|---|---|---|---|
| 1864 | 4,479 f. 17 | » | » |
| 1865 | 15,000 » | 10,000 » | » |
| 1866 | 15,000 » | 10,000 » | 1,500 » |
| 1867 | 15,000 » | 10,000 » | 1,500 » |
| 1868 | 15,000 » | 10,000 » | 1,500 » |
| 1869 | 6,416 84 | 4,277 78 | 625 » |
| TOTAUX. | 70,896 f. 01 | 44,277 f. 78 | 5,125 f. » |

En récapitulant nous avons :
Solde.................. 70,896 f. 01
Frais de représentation.... 44,277 78
Fonds secrets........... 5,125 »

Soit un total général de.... 120,298 f. 79

Si maintenant nous consultons les registres du Trésor à Papeete, nous y verrons les talons des traites envoyées en France par M. le comte Émile de la Roncière. Le total des sommes représentées par ces traites est de quatre-vingt-quatorze mille cinq cent trente francs, dont voici le détail.

---

(1) **Nous n'avons pas porté sur ce relevé les quatre mille francs qui lui ont été donnés pour effectuer son retour en France.**

LISTE des traites prises au Trésor français de Papeete, par M. le comte Émile de la Roncière, dans les années 1865, 1866, 1867, 1868 et 1869 (1).

| ANNÉES | JOURS DU MOIS | MONTANT DE LA TRAITE | TOTAUX PAR ANNÉE | TOTAL GÉNÉRAL |
|---|---|---|---|---|
| 1865 | 22 mai. | 500 f. | 530 f. | |
|  | 29 septembre. | 30 | | |
| 1866 | 1er février. | 2,000 | 14,000 | |
|  | 7 septembre. | 1,500 | | |
|  | 17 septembre. | 10,000 | | |
|  | 30 septembre. | 500 | | |
| 1867 | 17 janvier. | 10,000 | 30,750 | |
|  | 10 juin. | 12,000 | | |
|  | 18 octobre. | 750 | | |
|  | 20 décembre. | 8,000 | | |
| 1868 | 4 février. | 15,000 | 28,500 | 94,530 f. |
|  | 9 mars. | 4,000 | | |
|  | 10 juin. | 1,000 | | |
|  | 8 juillet. | 2,000 | | |
|  | » août. | 1,000 | | |
|  | 3 septembre. | 1,000 | | |
|  | 14 octobre. | 1,000 | | |
|  | 2 décembre. | 500 | | |
|  | 20 décembre. | 3,000 | | |
| 1869 | 30 janvier. | 1,000 | 20,750 | |
|  | 3 février. | 5,000 | | |
|  | 13 mai. | 500 | | |
|  | 19 mai. | 1,000 | | |
|  | 28 juin. | 7,750 | | |
|  | 5 juillet. | 2,000 | | |
|  | 8 juillet. | 3,500 | | |
|  | Total...... | 94,530 f. | ............ | 94,530 f. |

(1) Ce tableau n'est pas complet. Quelques traites ont été oubliées.

| | |
|---|---|
| Nous avons vu que M. de la Roncière avait reçu à Tahiti.................................... | 120.298 fr. 62 |
| Il a envoyé en France en traites............. | 94.530 » |
| La différence est une somme de.... | 25,768 62 |

qui a dû lui suffire pour toutes les dépenses de sa maison durant *quatre ans sept mois et vingt-quatre jours*. Il a aussi fallu qu'avec la même somme il acquittât les notes des négociants, notes parfois considérables, puisque d'eux d'entre elles, *en ce moment sous nos yeux*, forment à elles seules, un total de de *vingt et un mille quatre cent quatre-vingts francs et cinquante et un centimes*.

C'est M. le comte Emile de la Roncière qui, dans sa lettre du mois de décembre 1864, au Ministre de la marine (pièce 2), disait :

« *Il est facile de voir qu'ici la passion, je dirai presque celle du
» lucre, a étouffé les sentiments généreux dont on déplore l'absence.* »

Nous pourrions continuer et ajouter encore des pages pleines de faits intéressants, mais ce que nous venons de dire suffit, au moins pour le moment présent.

Si cependant, plus tard, nous étions obligé de traiter encore le même sujet, nous serons « plein de discours ». Ce jour-là, nous en sommes sûrs, tous nos lecteurs seront de cœur et de conviction avec nous, lorsque modifiant un peu un passage de la lettre écrite au Ministre, en juillet 1866, par M. de la Roncière (5ᵉ pièce), nous dirons :

« *Pour nous il est un point sur lequel notre conviction ne changera jamais.* » *M. le comte Emile de la Roncière avant tout est un......
Le pouvoir dont il disposait et qu'il a honteusement déconsidéré, n'a été entre ses mains qu'un moyen de s'enrichir et de pratiquer l'iniquité.*

Papeete, août 1870.

J. P. CHOPARD.

## M. FRANÇOIS-XAVIER-MARIE CAILLET.

> Le drapeau (français), partout ailleurs emblème de l'équité, paraît n'avoir servi aux Gambier qu'à couvrir la tyrannie la plus odieuse.
> (*Rapport du* 16 *avril* 1866, par M. X. CAILLET.)

M. François-Xavier-Marie Caillet est un lieutenant de vaisseau âgé de quarante-huit ans, qui se sent, chaque matin, le besoin de dévorer un prêtre en guise de déjeuner.

Nous connaissons de lui des actions qui lui font grandement honneur, telle que, par exemple, celle d'avoir au péril de sa vie retiré un enfant du milieu des flammes d'un incendie, et en parlant de cet officier nous voudrions n'avoir que des traits pareils à raconter. Malheureusement dans les questions qui ont trait aux Tahitiens, objets de son amour, ou dans celles qui touchent à la religion catholique et aux missionnaires, objets de sa haine, son jugement est faussé, et dans le premier cas, il est capable de commettre, par amour, les plus grosses énormités, comme dans le second, en obéissant à sa haine, il se portera aux extrémités les plus blâmables.

Deux fois il a visité les îles Gambier. D'abord il y fut, avec le transport la *Dorade* dont il avait le commandement, et demeura à Mangarèva depuis le 10 décembre 1865 jusqu'au 20 février 1866.

Il fit de ce séjour l'objet du rapport mentionné par M. de la Roncière dans une des lettres lues à la Chambre de nos députés, le 11 mars 1870. (Voir la 5$^{me}$ pièce.)

Il revit une deuxième fois ces îles, au mois d'avril 1869, avec l'aviso à voiles *Euryale*, sur lequel il était passager, et il resta aux Gambier quatre ou cinq jours pour y remplir une mission qui consistait :

1º A s'informer s'il était vrai que le R. P. Laval avait empoisonné l'homme à qui il avait dit, à ce que prétendait M. le comte Émile de la Roncière : « Tu mourras vendredi. »

2º De chercher s'il n'y avait pas possibilité de faire naître quelque affaire bien désagréable à la mission et au R. P. Laval, au moyen de la plainte formulée contre ce dernier, par un Français habitant de Mangarèva et qui avait été lui et les siens frappé par une excommunication mineure pour cause de mauvaises mœurs.

3º De prendre tous les renseignements qu'il lui serait possible de recueillir sur le pays.

Dans la lettre lue par M. de Kératry (6ᵐᵉ pièce) nous avons été surpris de ne rien trouver ayant trait aux deux premiers motifs de la mission de M. Caillet. Cela joint à ce que cette lettre est *bien mieux rédigée* que ses autres rapports, nous a fait hésiter un instant dans la découverte de son auteur ; cependant nos souvenirs n'ont pas permis à notre hésitation d'être de longue durée, car, au retour de l'*Euryale* à Tahiti, nous avions appris *sûrement* qu'on n'avait rien trouvé de sérieux touchant l'accusation de la mort d'un homme et rien à faire de la plainte du Français excommunié.

Nous avons sous nos yeux le rapport du 16 avril 1866, mentionné par M. le comte de la Roncière. Un de nos amis, qui l'a obtenu de M. Caillet lui-même, a bien voulu nous le prêter en nous accordant toute liberté pour en user à notre volonté.

C'est de cette pièce que parlait M. Caillet lorsqu'il disait un jour, devant plusieurs personnes parmi lesquelles nous étions :

« C'est ce que j'ai jamais fait de mieux comme travail et de
» plus châtié comme style. C'est mon œuvre capitale. »

La première phrase de ce rapport est la suivante :

« Aux Gambier, comme dans toutes les autres îles, sur
» lesquelles Tahiti exerçait un droit de suzeraineté, l'autorité
» était autrefois entre les mains d'un chef principal qu'ap-
» puyaient ou contrôlaient à l'occasion une série de chefs
» subalternes indépendants les uns des autres. »

Si l'on demandait à l'auteur de cette assertion sur quel fait, sur quelle tradition, sur quelle autorité enfin il s'appuie pour affirmer l'existence d'un droit de suzeraineté de Tahiti sur les îles Gambier, il lui serait absolument impossible d'en fournir des preuves autres que les rêveries de son cerveau.

Les lignes qui suivent cette première phrase sont pleines d'un pathos fort peu intelligible, au milieu duquel on peut cependant apercevoir que l'intention de l'auteur a été de montrer le fanatisme, sous la forme du R. P. Laval, comprimant, *sous sa main de fer*, les moindres élans du cœur de la reine de Mangarèva.

Plus loin on voit cette Reine, pauvre femme effrayée, attérée et toujours comprimée par cet ogre farouche — le fanatisme Laval, — qui ne peut et ne sait plus dire, dans sa propre langue, que quelques mots inintelligibles aux meilleurs interprètes.

Or, ces meilleurs interprètes, que M. Caillet avait en haute estime et qu'il employait constamment, ce sont — il est bon de le savoir — deux anciens matelots français, les deux ivrognes Guilloux et Marion. On ne saurait se faire une idée de la haute fantaisie qu'ils mettaient généralement dans leurs traductions. Nous allons essayer d'en donner un exemple fidèle.

C'était quelques jours après l'arrivée de la *Dorade* à Mangarèva, c'est-à-dire le 23 décembre 1866. M. Caillet, qui a toujours beaucoup aimé à faire des discours — maladie de ceux qui n'ont rien à dire — fut pris du besoin d'écrire à la reine régente Maria-Eutokia.

Cette dernière, il le savait, ne comprendrait pas sa prose française; d'un autre côté il n'avait pas foi dans la fidélité que le Père Laval mettrait à la traduire, c'est pourquoi il en fit faire une version mangarèvienne par son meilleur interprète, Guilloux, et il l'envoya.

Voici quelques phrases du texte original français :

« Madame,

» Le drapeau qui flotte aux Gambier est partout l'emblème
» de la civilisation. Il ne doit donc pas être, ici, une menace
» permanente contre les habitants, et, aux yeux des étrangers
» qui visitent ces îles, le signe de l'esclavage pour la population
» qu'il doit abriter.

» Le protectorat que nous avons à exercer sur votre petit
» pays nous fait un devoir de nous ingérer dans ce qui a trait
» aux affaires publiques. J'ai cherché à vous faire comprendre
» devant les différentes personnes qui vous approchent le peu
» de garanties qu'offre la justice de votre pays. »

Voici la version de Guilloux :

E te tepeirue,

— Ko a reva e oga ana i Gambier ite mau kaïga marama e akatiki oga no te mau ku marama.

— E kore reka koe e na kuatume akamataku ki to koe hu; ta mata o to koe hu, me te mata o te mau atoga paruga, mo te mau tagata e noho ana ikonei.

— Tokutu ruga ki to koe kaïga ite nei, chatoga noku meaka

akavaraka atu kia koe ite rapa kauraga, o te mau atoga i ruga o to koe kaïga nei, ite aro o te mautai.

Enfin voici le vrai sens de ces phrases mangaréviennes :

Princesse,

— Le pavillon qui flotte à Gambier, dans toutes les terres savantes, est l'emblème de tous les peuples savants.

— Ne l'acceptes donc pas pour faire peur à ton peuple, aux yeux de ton peuple et aux yeux de tous les autres hommes, il arrive dans ta terre sur tous les genres de punition pour tous ceux qui sont ici.

— Quant à ma protection pour ta petite terre, mon affaire est de te faire savoir les tromperies de tout ce qui a eu lieu sur la terre en face de tout le monde.

Nous ne savons pas si la reine de Mangarèva comprit quelque chose à ce fatras, mais si les interprètes de M. Caillet lui traduisaient tout aussi fidèlement, il n'y a rien d'étrange à ce que ses appréciations sur les Gambier soient aussi erronées que le laissent voir ses lettres.

Mais revenons à son rapport : on y trouve des phrases comme celles-ci :

« La caisse de la Régente et sa conscience appartiennent au » P. Laval qui en dirige les mouvements. »

« D'après les calculs établis au moyen de renseignements » pris sur les lieux, il y aurait eu, dans la caisse en question, plus » d'un million et demi depuis 1850 et sept cent cinquante » mille francs depuis 1855. On ne trouve nulle trace de ces » valeurs. La Régente n'a pas un meuble chez elle, pas une robe » à se mettre et les Mangarèviens sont dans la misère. »

M. Caillet ne prend pas la peine de dire qui a établi les calculs dont il parle, ni quels sont les renseignements sur lesquels ils sont fondés. Les chiffres cités dépendent cependant de l'*exactitude* de ces calculs et de la valeur de ces renseignements. Il n'y a rien de prouvé dans son assertion, si ce n'est qu'elle contient une grave accusation contre le R. P. Laval.

Pour nous, il nous paraît inouï qu'un supérieur recevant d'un de ses inférieurs une lettre, un rapport qui contiennent de pareilles affirmations ne le mette point, de suite, en demeure de fournir les preuves de ce qu'il avance.

Arrivé à Mangarèva, le 10 décembre 1865, le capitaine de la *Dorade* se rendit quelques jours après, en baleinière, au village d'Atirikigaro. Là, sans doute, il rencontra des choses qui l'intéressèrent puisqu'il y retourna le 19 du même mois, et en ce jour il lui advint une histoire, que nous allons lui laisser raconter à sa guise, puis nous donnerons le récit des Mangarèviens.

C'est M. Caillet qui parle :

« Le 19 décembre 1865, je tombai en plein dans un guet-à-
» pens, tendu, m'a-t-on dit, par ordre sous nos pas. J'étais
» descendu à terre vers trois heures et demie du soir, avec
» l'intention de me rendre à un village situé de l'autre côté de
» la montagne, où se trouvaient campés des sujets du protectorat
» tahitien que le R. P. Laval avait fait venir des autres îles de
» l'archipel Tuamotu et qui désiraient vivement retourner chez
» eux. Ne voulant pas être épié dans ma course, je cherchai une
» pente douce en dehors du sentier pour atteindre les crêtes qu'il
» me fallait dépasser. Le temps étouffant et le soleil qui dardait
» avec force sur la montagne, me firent plusieurs fois reculer
» devant cette pénible ascension. Après quelques minutes d'hé-
» sitation, je pris le parti de chercher à contourner la pointe
» Nord de l'île. Je comptais profiter du clair de lune pour revenir
» par la montagne.

» Il y avait environ une heure que j'étais en marche lorsque
» j'arrivai à un village que j'avais visité quelques jours avant en
» baleinière. J'étais très-fatigué ; pour me reposer quelques
» moments, j'entrai dans une maison dont je croyais connaître
» le propriétaire et où j'avais été bien accueilli.

» Le malheur qui m'a frappé (1) m'empêcha de saisir à temps
» la scène qu'on avait préparé pour me recevoir. Seulement
» j'aperçus un agent de police qui me menaçait du poing et
» d'autres affidés qui criaient et gesticulaient.

» Peu de temps après, mes yeux s'accoutumant à l'obscurité,
» je distinguai dans une chambre deux ou trois jeunes filles
» gardées à vue, qui riaient de mon étonnement. A la porte de
» cette chambre se tenait une véritable harpie, jouant son rôle
» à merveille.

» Indigné de cette réception j'en demandai les motifs aux
» personnes qui m'entouraient, mais leurs réponses vagues
» étaient loin de me satisfaire. Ils feignaient surtout de ne pas

---

(1) M. Caillet a eu les paupières brûlées dans un incendie, en sauvant un enfant des flammes. Sa vue en a souffert.

» me comprendre. Personne ne voulut me dire le nom de celui
» qui m'avait menacé. Je revins sur mes pas et j'appris en route
» par un agent de police, le nommé Tevero, qui avait été lui-
» même acteur dans cette atroce comédie, que c'était par ordre
» du Père Laval qu'on nous tendait tous ces piéges. Je sus éga-
» lement par lui que celui qui m'avait manqué était Niro (em-
» ployé de la mission).

» Ce malheureux Tevero fut cassé et persécuté par le R. P.
» Laval.

» En arrivant près de la résidence, je fis demander à la
» régente la punition de Niro. Elle me la refusa et m'écrivit
» qu'il avait bien fait de me chavirer (1). » Il paraît que cet agent
» de police, fier de son exploit, était venu se vanter de m'avoir
» roulé dans la poussière. J'étais donc insulté par une chefesse
» demi-sauvage, instrument trop flexible d'une politique infer-
» nale.

» Pour l'honneur du pavillon qui flotte à la corne de mon
» bâtiment je n'aurais pas hésité à tirer une vengeance éclatante
» de ce cruel outrage et j'aurais donné à cette horde d'hypocrites
» et de lâches menteurs une leçon qui leur aurait appris à
» respecter dorénavant les capitaines des bâtiments de Sa Ma-
» jesté.

» Mais notre noble drapeau, qui abrite ces îles, m'arrêta.
» Dans des circonstances aussi graves, je réunis les officiers que
» j'avais l'honneur de commander, et les plus proches parents
» du feu roi.

» Je leur racontai, en détail, ce qui venait de se passer. Après
» les avoir mis au courant de la situation, j'ajoutai qu'une pa-
» reille insulte, faite à un commandant étranger, aurait les con-
» séquences les plus graves ; que, suivant moi, il devenait urgent
» d'entourer Maria-Eutokia d'un conseil de famille, lequel, sous
» le titre de conseil de régence, pourrait arrêter bien des injus-
» tices et s'opposer aux actes compromettants. »

Tel est le récit de M. Caillet. Afin d'aider à le comprendre nous plaçons ici une carte de l'île avec ses chemins et ses sentiers et nous y marquons les distances à parcourir pour aller de Rikitéa où est le débarcadère, aux autres villages, en suivant, soit le chemin direct, soit le sentier qui contourne la pointe nord.

(1) Ceci doit être dû aux interprètes ordinaires Guilloux et Marion. On verra plus loin la lettre de la régente.

de l'île. D'après ce récit le village, but de la promenade, ne peut être que Gatavake qui est situé de l'autre côté de la montagne et où habitaient les Indiens Tuamotu.

Nous sommes étonné que M. Caillet ait oublié de nommer ce village, et il nous paraît fort étrange que devant aller au-delà des montagnes, et ne venant à Atirikigaro que par suite de circonstances imprévues, il ait trouvé, *là où il ne devait point aller*, un guet-à-pens dressé à son intention et exigeant un assez grand nombre d'acteurs et de comparses.

Maintenant, voyons ce que disent les Mangarèviens ? Le voici dans toute sa simplicité :

« M. Caillet est descendu de son navire vers quatre heures
» du soir le 19 décembre. Il avait avec lui des matelots et des
» Indiens Tuamotu. Ces derniers l'ont accompagné à Atirikigaro.
» Arrivé dans ce village il a voulu entrer dans la maison de Taïs,
» femme mariée, qui est la gardienne de l'ouvroir où se réunis-
» sent pour travailler les jeunes filles de la baie.
» Taïs ne voulut point permettre à M. Caillet d'entrer dans
» sa maison qui sert d'ouvroir et elle le lui défendit. Le mari de
» Taïs défendit aussi à l'étranger d'entrer chez lui. Néanmoins
» M. Caillet entra, puis il voulut pénétrer dans la chambre où
» étaient les jeunes filles. Taïs s'y opposa et elle fut même obli-
» gée d'employer la force jusqu'au point de le frapper sur les
» bras et sur la poitrine. Alors M. Caillet commanda à deux
» Indiens Tuamotu qu'il avait avec lui de se saisir de Taïs, parce
» qu'il voulait des filles. Mais Niro, chef et gardien de la baie,
» prit la défense de Taïs, il se mit entre elle et M. Caillet et dit
» à ce dernier de se retirer, car s'il touchait aux jeunes filles,
» lui, Niro, qui avait la sienne parmi elles, serait obligé de
» frapper l'agresseur. Alors, M. Caillet, quitta son habit, prit
» son canif et se jeta sur Niro, et comme celui-ci se sauva il le
» poursuivit jusqu'au dehors de la maison, puis il revint. Il y
» eut une longue dispute, mais comme M. Caillet vit qu'il n'était
» pas le plus fort il céda et essaya de faire la paix avec tout le
» monde en distribuant du tabac; puis il dit qu'il ne fallait par-
» ler de rien; mais Niro était déjà allé se plaindre à la Reine et
» lui demander du secours. M. Caillet le sut et voulut faire pu-
» nir Niro. »

Tel est le récit des gens de Mangarèva.

Le soir même du 19 décembre M. Caillet demanda à Maria-Eutokia que Niro fût révoqué de ses fonctions, de chef gardien de baie, et il ajouta que si sa demande ne lui était pas accordée il ferait mettre Niro aux fers.

La Reine répondit que Niro devait subir un jugement pour cette affaire et qu'il ne serait pas puni avant d'être jugé et reconnu coupable. Que c'était un chef et que les chefs devaient être jugés par leurs pairs, surtout alors qu'il s'agissait de faits graves comme ceux dont on l'accusait. Le jugement devait avoir lieu le lendemain.

M. Caillet ne voulut point attendre et il ordonna à trois gardiens de baie de s'emparer de Niro, mais ils refusèrent de lui obéir en disant qu'ils n'avaient point reçu les ordres de leur Reine à ce sujet. Ce refus l'exaspéra, il fit mettre ces hommes aux fers et menaça Maria-Eutokia de lui enlever son pouvoir si elle ne cédait pas. Le lendemain, vers onze heures du matin, des soldats et des matelots armés parcouraient l'île pour saisir Niro qui était allé chez la Reine se remettre entre ses mains pour être jugé. Les soldats qui le cherchaient le saisirent en ce lieu, et l'un deux frappa même avec le plat de son sabre le bras de la Reine parce qu'elle voulait s'opposer à la violation de son domicile.

Niro fut conduit à bord de la *Dorade* et mis aux fers. Là, dit-il, « il reçut du biscuit pour manger, mais on lui refusa à
» boire, et ce ne fut que le troisième jour, alors seulement qu'il
» était déjà malade par suite du manque d'eau, que le chirur-
» gien du navire lui fit donner à boire. »

Lorsque la Reine eut fait instruire l'affaire d'Atirikigaro et qu'elle sut comment les choses s'étaient passées, elle écrivit à M. Caillet la lettre suivante :

« Mangarèva, le 29 décembre 1865.

» Monsieur,

» Vous avez voulu entrer dans une maison où étaient une
» femme mariée et des jeunes filles. La femme mariée vous a
» dit de ne pas entrer. Le maître de la maison vous a dit aussi
» de ne pas entrer, mais vous avez voulu entrer bon gré mal
» gré. Vous avez eu tort, parce que tout homme est maître
» chez lui. Un gardien de baie (Niro), père d'une des jeunes
» filles, s'est trouvé là pour défendre sa fille. C'était son droit.
» Pourquoi avez-vous insisté ? Je ne puis ni le casser, ni per-
» mettre qu'il soit mis aux fers.

» Je vous salue.   » *La régente des îles Mangarèva,*
» MARIA-EUTOKIA. »

Et le lendemain, 30 décembre 1865, M. Caillet, lieutenant de vaisseau, commandant la *Dorade*, résident français à Mangarèva, prenait, en réponse à la lettre ci-dessus, la mesure incroyable indiquée dans la pièce curieuse que nous transcrivons ci-après :

« Nous, lieutenant de vaisseau, commandant la *Dorade*,
» résident des Gambier, attendu que Maria-Eutokia, loin de
» suivre les bons conseils que lui a donné le Commandant
» Commissaire impérial, dans sa lettre du 27 septembre dernier,
» vient de se dégrader aux yeux de ses propres sujets, *par le*
» *mensonge et l'iniquité,*

» Attendu que le protectorat que nous exerçons sur les
» Gambier nous fait un devoir d'empêcher que notre drapeau
» ne serve à autoriser des faits semblables à ceux qui viennent
» de se passer,

» De l'avis des officiers français actuellement dans le pays
» et de concert avec les descendants des anciens grands chefs du
» pays et les plus proches parents du jeune roi,

» Décidons :

» Dans l'intérêt du pays, un Conseil de régence est formé à
» compter d'aujourd'hui. Ce Conseil est composé des chefs
» mentionnés ci-dessous :

» Akakio Temamateoa, président. — Marino Puteoa. —
» Maria Tepano Matua. — Arone. — Maratino Mateoa.

» Le nommé Maratino Pupuko remplira, sans voix délibé-
» rative, les fonctions de secrétaire de ce Conseil.

» Toute ordonnance, décision, tout décret ou tout autre
» acte politique ou administratif, ne sera valable que revêtu de
» la signature des membres de ce Conseil.

» La présente décision sera communiquée à la Régente et
» portée à la connaissance de la population par tous les moyens
» possibles.

» Ont signé, les officiers et les principaux chefs du pays. »

Certes, nous en sommes convaincu, M. Caillet n'a pas mis de malice dans sa conduite. Il est convaincu d'avoir tout fait pour le mieux. Il est de bonne foi quand, à propos de son affaire d'Atirikigaro, il écrit « que pour l'honneur du pavillon qui
» flotte à la corne de son navire, il eût tiré une vengeance écla-
» tante de ce qui s'était passé. » C'eût été véritablement de bonne foi qu'il eût fait massacrer une douzaine de pauvres et inoffensifs Mangarèviens, parce qu'il n'avait pas pu conter fleu-

rette à quelques jeunes filles ; « *mais notre noble drapeau, qui abrite ces îles, m'arrêta,* » dit-il. Non, il ne se doutait pas le moins du monde que si ce drapeau dont l'honneur lui était confié abritait souvent de pareils actes, il ne serait bientôt plus qu'une de ces guenilles sans nom, que les truands arboraient jadis aux entrées de leurs cours des Miracles.

Il est bien des choses dont M. Caillet ne se doute point, car, encore aujourd'hui, il paraît se rappeler, avec une satisfaction sans mélange, ce qu'il a fait à Mangarèva, et il sera bien étonné de lire que la phrase suivante, dont la propriété lui appartient toute entière, est fort bien applicable à sa conduite :

« Le drapeau (français), partout ailleurs emblème de l'équité, paraît n'avoir servi aux Gambier qu'à couvrir la tyrannie la plus odieuse. » (Rapport du 16 avril 1866, par M. Caillet.)

La mission que le commandant de la *Dorade* avait à remplir à Mangarèva, consistait à faire exécuter les prescriptions du traité fait le 21 septembre 1865, entre M. le Commandant commissaire impérial, comte Émile de la Roncière, et la Régente des îles Gambier, et dont voici les articles :

Article premier. — La Régente s'engage vis-à-vis le Commissaire impérial à payer la somme de 150,000 francs pour le sieur Pignon, et celle de 10,000 francs pour le sieur Dupuy.

Art. 2. — La Régente s'engage à livrer d'ici au 1er janvier 1866 une quantité de nacre équivalente à une somme de 40,000 fr. Le reste de la dette, soit 120,000 francs sera livré dans un délai de trois ans à partir du 1er janvier 1866.

Art. 3. — Les nacres qui seront livrées cette année jusqu'à la concurrence de 80 tonneaux, ainsi que celles qui le seront postérieurement, seront acceptées au prix de 500 francs le tonneau de 1,000 kilogrammes ou 2,000 livres.

Art. 4. — Les trois paiements qui devront s'effectuer annuellement à partir du 1er janvier 1866, pourront être faits, à la volonté de la Régente, en espèces, en perles ou en nacres. Mais comme il est important que chacun de ces paiements soit garanti, aucune nacre ne pourra sortir de l'archipel pendant chacune de ces années avant qu'une somme annuelle de 40,000 francs n'ait été versée entre les mains du résident, soit en espèces, soit en perles.

Les versements des sommes, ou leurs valeurs en nacres où perles, à effectuer chaque année, devront être faits à la fin de septembre.

Art. 5. — La Régente restera libre de livrer les produits de la pêche des nacres à qui bon lui semblera, dès que la somme de 40,000 francs en espèces ou en perles aura été livrée, chaque année, aux mains du résident.

Art. 6. — Si les engagements pris avec la régente et stipulés dans les articles ci-dessus venaient à ne point être exécutés, le résident prendra la direction de la pêche jusqu'à l'entier paiement des 160,000 francs dus.

Signé : C<sup>te</sup> E. DE LA RONCIÈRE.

Signé : MARIA-EUTOKIA.

En exécution du 1<sup>er</sup> paragraphe de l'article 2, la Reine régente fit demander, le 4 décembre 1865, au résident *provisoire*, s'il voulait recevoir la nacre. Celui-ci, qui attendait l'arrivée d'un navire pour la prendre, répondit, le 5 décembre « qu'il n'y avait pas lieu d'en commencer la livraison. »

M. Caillet, résident titulaire arrivé à Mangarèva le 10 décembre, demanda, le 19 du même mois, qu'on lui fît la remise de la nacre. Le 22 décembre, il lui fut répondu que tout était disposé pour cela, c'est-à-dire que les coquilles étaient réunies dans le même lieu et prêtes pour le pesage.

Le 9 janvier 1866, la livraison des 80 tonneaux de nacre était terminée, ainsi que le résident l'annonce dans son rapport, ce qui ne l'empêcha point d'écrire le lendemain, 10 janvier, au chef Akakio, président du Conseil de régence, la lettre suivante :

« A bord de la *Dorade*, Mangarèva, le 10 janvier 1866.

» Salut,

» D'après les termes de la convention du 21 septembre der-
» nier, la régente doit, d'ici fin de septembre 1866, donner au
» Commissaire impérial, 80 tonneaux de nacres ou 40,000 francs
» en espèces ou en perles.

» Si l'intention de cette chefesse est de donner de la nacre,
» la plonge devrait être ouverte pour assurer cette annuité de
» 80 tonneaux avant la fin de la saison.

» Le Conseil de régence ne doit pas perdre de vue qu'il
» deviendrait responsable de tout acte de mauvaise foi que la
» régente tenterait d'insinuer pour échapper à l'exécution
» loyale de la convention précitée, comme elle a déjà essayé de
» le faire.

» *Le lieutenant de vaisseau, commandant la* Dorade,

» Signé : X. CAILLET. »

Akakio répondit :

« Mangarèva, le 11 janvier 1866.

» Monsieur le Résident,

» Vous n'auriez pas dû m'écrire hier que ma cousine a
» essayé de se soustraire à l'exécution loyale de la convention
» du 21 septembre 1865, parce que cela n'est pas.

» Elle a demandé avant votre arrivée, *au résident provisoire*,
» quand est-ce qu'il voudrait qu'on lui livrât les 80 tonneaux de
» nacre (formant l'indemnité de 1865). Il lui a répondu, le 5 dé-
» cembre 1865, qu'il ne voyait pas la nécessité de peser alors
» cette nacre. Il voulait attendre les navires qui devaient la
» prendre. Le 19 décembre 1865, vous avez demandé à ma cou-
» sine de vous livrer la nacre, et le 22 décembre, elle vous a
» répondu que tout était prêt, c'est-à-dire que la nacre était
» réunie en un seul lieu.

» Pourquoi m'avez-vous écrit hier ? Est-ce parce que ma
» cousine vous a dit, ce même jour 22 décembre, qu'elle se
» réservait de faire valoir ses droits quand elle le pourrait ? Mais
» cela ne l'empêchera pas de payer à chaque époque, et dès
» qu'on lui dira de payer.

» Présentement, ma cousine ne peut pas ouvrir la pêche,
» car la nacre est si petite, que ce serait la gâter en pure perte.
» Vous-même n'avez pas voulu la petite nacre. Pourvu que ma
» cousine soit prête pour le paiement de septembre 1866, vous
» n'avez rien à exiger jusqu'alors. Telles sont les conventions.
» Ce n'est pas refuser de payer, et il n'y a pas de responsabilité
» à encourir en exécutant bien cette convention de septembre
» 1865.

» Je vous salue.

» *Le Président du Conseil de régence,*
» Signé : AKAKIO. »

M. Caillet n'avait, ce nous semble, rien à dire. La Reine qui, la veille, avait payé l'indemnité de 1865, se trouvait complètement dans son droit et était restée fidèle aux termes de la convention. Mais il ne le jugea point ainsi.

Comme il l'écrit dans son rapport, il attribua la lettre d'Akakio à la mission catholique, et voyant « des subterfuges dans ce qui avait lieu », il réunit, le 12 janvier, le Conseil de régence.

Nous reproduisons, d'après le rapport de M. Caillet, le procès-verbal de la séance qui eut alors lieu.

« Aujourd'hui, 12 janvier 1866, le Conseil de régence étant
» réuni au complet, dans la salle des séances, le résident a
» expliqué les termes de la convention du 21 septembre dernier;
» ensuite, au nom du Conseil, trois membres ont été trouver la
» régente pour savoir d'elle de quelle façon elle comptait
» s'acquitter de l'annuité 1866. La commission de retour a dé-
» claré que la régente ne se prononcerait à ce sujet qu'à la fin
» de septembre. Le résident ayant acquis la conviction que le
» paiement de cette annuité se trouvait compromis par *cette*
» *réponse détournée*, et ayant fait appeler le caissier de la régente,
» qui a déclaré devant tout le Conseil qu'il n'y avait en tout et
» pour tout qu'une seule perle, annonce que la pêche est
» ouverte conformément à l'article 6 de la convention précitée. »
(Suivent les signatures.)

M. le résident nous fait marcher de surprise en surprise. Il explique, dit-il, au Conseil de régence, les termes de la convention du 21 septembre 1865, c'est-à-dire qu'il explique aux autres ce qu'il ne comprend pas lui-même, ce qu'il ne veut même pas comprendre, car enfin, de bonne foi, pour être éclairé, il n'avait qu'à relire cette convention.

L'ouverture de la pêche qu'il décrète à la fin de cette séance, prouve sûrement qu'il n'a pas voulu se donner cette peine, car autrement, il aurait respecté les prescriptions de cet article 6, sur lequel il appuie sa décision.

Voyons cet article :

« ART. 6. — *Si les engagements pris avec la régente et stipulés*
» *dans les articles ci-dessus viennent à ne point être exécutés, le*
» *résident prendra la direction de la pêche jusqu'à entier paie-*
» *ment des 160,000 francs.* »

Quels étaient donc les engagements qui n'avaient point été « exécutés » par la régente ?

Pourquoi le lendemain même du jour où elle venait d'accomplir fidèlement la première clause de la convention mettait-on sa bonne foi en doute et disait-on que l'annuité suivante (dont l'échéance ne tombait que le 30 septembre 1866) était en péril ?

Etait-ce parce que Maria-Eutokia s'en tenant à la convention, qui la laissait libre de choisir le mode de paiement, ne voulait pas se lier, à ce sujet, six mois à l'avance ?

Mais, il nous le semble, c'était son droit le plus rigoureux, et la plus simple probité ordonnait d'attendre. Au lieu de cela

M. Caillet ouvre la pêche ! C'est inconcevable ! ou plutôt ce n'est que trop concevable après l'histoire d'Atirikigaro.

Mais revenons à son rapport. Nous citons :

« Maria-Eutokia, craignant probablement les suites de cette
» déclaration (ouverture de la pêche), se ravisa et me fit dire
» qu'elle avait les moyens de payer l'indemnité de 1866. Je ras-
» semblai de nouveau le conseil et j'obtins *enfin* la pièce B
» n° 62.

» Par cette pièce B n° 62, la régente et son Conseil me pro-
» mettaient de payer en septembre 1866, 30,000 francs en espèces
» et 10,000 francs en nacres ; en septembre 1867, 40,000 francs
» en perles ; en septembre 1868, 40,000 francs en nacres pêchées
» en temps et lieu. »

L'obtention de cette pièce B n° 62 avait modifié les termes de la convention du 21 septembre 1865, mais donnait-elle plus de sécurité pour être payé ? Evidemment non, car on avait remplacé une promesse par une autre promesse qui obtenue par la violence ôtait plus qu'elle n'ajoutait aux sécurités du paiement.

Maria-Eutokia, ainsi qu'on peut le voir par l'extrait d'une lettre qu'elle écrivait au Ministre de la marine en 1861 (note A) savait que la réouverture de la pêche, suspendue déjà depuis deux ans, était la ruine des bancs de nacre. Devant cette perspective elle céda, mais le conseil de régence ne fut pas si facile qu'elle et afin d'obtenir de ses membres qu'ils voulussent bien signer cette fameuse pièce B n° 62, M. Caillet eut besoin de recourir à *autre chose* qu'à la persuasion. Après cela il fut enchanté de lui-même et avec la logique qui le distingue il tira de ce qui venait d'avoir lieu la conclusion suivante : « Maria-Eutokia a
» donc les moyens de payer *de suite* une grande partie de l'in-
» demnité, mais elle préfère ne s'acquitter que dans les limites
» de la convention. »

Nous le laisserons à sa satisfaction. Le reste de son rapport ne contient plus que des phrases banales sur le compte du R. P. Laval. Nous ne les reproduirons pas, laissant à ceux qui voudront s'en faire une idée le soin de lire le journal *le Siècle* ou l'un de ces petits livres de basse littérature qui ont été écrits contre les prêtres. Nous croyons inutile de discuter la lettre de M. Caillet lue au Corps législatif par M. le comte de Kératry. Quelle confiance, en effet, peut-on accorder aux faits et aux chiffres qu'elle contient ? Où son auteur les a-t-il puisés et comment en quatre ou cinq jours aura-t-il pu les vérifier ?

Sans nul doute il les aura pris de son ancien interprète l'ivrogne Guilloux, et son témoignage n'est pas plus digne de foi que celui de MM. de la Richerie, de la Roncière et consorts.

## NOTE A.

**Extrait d'une lettre écrite en 1861 par Maria-Eutokia, régente des îles Gambier, à Son Excellence M. le Ministre de la Marine.**

« J'ai l'honneur d'appeler l'attention de Votre Excellence sur une
» question bien plus grave pour nous et dont la solution favorable ou
» défavorable peut conserver à mon peuple une source permanente de
» richesse, ou causer pour lui au bout de deux ou trois années un immense
» et irrémédiable appauvrissement. Votre Excellence sait que les îles Man-
» garèva n'ont absolument d'autre commerce que celui de la nacre pêchée
» dans le bassin intérieur des îles qui forment ce groupe. A l'époque où sont
» arrivés les missionnaires, il y a 26 ans, la nacre était tellement abondante,
» qu'au rivage même, un homme pouvait en recueillir trois barils de
» 100 kilogrammes par jour. Mais depuis 26 ans que la pêche continue sans
» interruption, la nacre est allée en diminuant d'une année à l'autre, et de
» nos jours elle est complètement épuisée en certains endroits. Dans d'autres
» endroits il s'en trouve encore, et de bonne qualité, mais ce n'est plus qu'à
» une profondeur de 15 brasses, où peu de nos plongeurs peuvent descen-
» dre en s'exposant à la mort, et ils ne peuvent en rapporter. Ailleurs, il n'y
» a plus que de très-jeune nacre, qui n'a guère que le quinzième du poids
» qu'elle acquerrait arrivée à son entier développement. Alarmés de cet état
» de choses qui menace notre pêcherie d'un entier épuisement, nous pen-
» sions, depuis plusieurs années, à suspendre la pêche, pour donner à la jeune
» nacre le temps de grossir et à la nouvelle nacre celui de naître. D'après
» l'avis unanime de mon Conseil, je viens de mettre ce projet à exécution
» et j'ai ordonné une suspension générale de la pêche.
   » L'agent de M. Brander, négociant anglais, se trouvait à Mangarèva,
» quand ma prohibition a été portée. Sous prétexte que son commerce
» souffrait de cette défense, il a menacé de porter plainte à M. le gouver-
» neur de Tahiti, assurant de la manière la plus formelle qu'il obtiendra
» de M. de la Richerie, dont il connaît bien les sentiments, dit-il, qu'un
» représentant français vienne s'établir à Mangarèva, apportant l'ordre de
» continuer la pêche de la nacre. Ces mesures m'affligent parce qu'elles

» sont humiliantes pour mon autorité..... Mais je suis moins touchée de
» mon humiliation personnelle que du sort de mon peuple qui est menacé
» de voir disparaître la seule richesse qui lui donnait les vêtements et les
» outils qui nous sont nécessaires au degré de civilisation où nous a amenés
» le christianisme. Les commerçants nous répètent que la nacre ne peut
» pas s'épuiser, mais leur intérêt les aveugle sur cette question, et nous
» avons là-dessus une longue expérience qu'ils n'ont pu acquérir.

» Je vous prie donc, M. le Ministre, de nous protéger par votre haute
» intervention.

» *La régente des îles Gambier,*
» Signé : MARIA-EUTOKIA. »

## NOTE B.

**Lettre écrite par Maria-Eutokia à Sa Majesté l'Impératrice Eugénie, en l'année 1864.**

« *A Sa Majesté l'Impératrice des Français,*

» MADAME,

» Mon peuple et moi nous sommes plongés dans une affliction pro-
» fonde. Outre que nous avons été condamnés à payer 160,000 francs au
» moment où nous demandions la contre-enquête qu'avait ordonnée M. de la
» Richerie, commandant commissaire impérial à Tahiti, on vient de nous
» imposer à Mangarèva, quoique nous nous soyons soumis à cette indem-
» nité exorbitante, un détachement militaire avec un résident provisoire.
» Ce résident..... a voulu plusieurs fois mettre aux fers nos gardiens de
» baie, quand ils étaient à leurs fonctions, et il m'a menacé d'être mise aux
» fers, moi aussi, parce que je ne veux pas consentir à diminuer le nombre
» de ces mêmes gardiens, dont nous avons plus besoin que jamais.

» Il est bien d'autres vexations dont je n'entretiendrai pas votre très-
» haute Majesté, mais je vous supplie, Madame, de vouloir bien nous obte-
» nir un régime plus doux, nous qui étions si tranquilles, et de sauver les
» bonnes mœurs en péril de mon peuple, qui, Dieu merci ! est toujours
» à son devoir de bon chrétien.

» Je prie Dieu, Madame, d'épargner à votre Majesté, les peines que
» j'éprouve en ce moment, et suis votre toute dévouée.

» *La régente des îles Mangarèva,*
» MARIA-EUTOKIA. »

Papeete, août 1870.

J. P. CHOPARD.

# LE COMMERCE DES MISSIONNAIRES

> Le prince voulut voir ces richesses immenses ;
> Il ne trouva partout que médiocrité,
> Louanges du désert et de la pauvreté.
> (LAFONTAINE.)

S'il est une assertion qui ne s'appuie sur aucune base sérieuse, c'est celle qui impute à la congrégation de Picpus d'avoir fait exploiter, à son profit, les pauvres richesses de Mangarèva. Pour bien des gens qui n'ont jamais voulu se rendre compte des choses, et qui ont tiré leurs renseignements de sources aussi peu sérieuses et si peu dignes de foi que celles où a puisé M. de Kératry, c'est un vrai bonheur que de crier *haro* sur cette humble congrégation.

Ces gens s'indignent contre ces missionnaires qui, disent-ils, exploitent le « pauvre monde » et veulent acquérir des richesses contrairement aux prescriptions de Notre Seigneur Jésus-Christ. Or, il est à remarquer que les plus animés dans ces sortes de discours, sont ordinairement ceux qui n'ont aucune espèce de religion. S'ils sont chrétiens, ce n'est point leur faute, et leur volonté n'y est pour rien, car on les baptisa le lendemain de leur naissance. Plus tard, ils se sont empressés d'oublier tout ce qu'on leur avait appris lors de leur première communion, et, en parlant de ce qu'ils ne connaissent plus, ils disent, avec une conviction pétrie d'orgueil et de sottise, « qu'ils n'ont que » du mépris pour cette religion catholique, apostolique et » romaine, qui est une religion de bigots, de calotins, d'idiots, » et qui ne sert qu'à enrayer les progrès de l'humanité. »

Mais alors toutes ces criailleries qu'ils profèrent contre les missionnaires et contre le commerce qu'ils leur attribuent, à quoi viennent-elles ? puisqu'elles ne sont pas dans l'intérêt d'une religion qu'ils méprisent.

Est-ce que la loi civile défend à un prêtre de commercer, c'est-à-dire d'acheter pour revendre ?

Est-ce que si un prêtre catholique faisait le commerce et avait comme le révérend Pritchard, jadis ministre protestant à Tahiti, son magasin à côté du temple, la justice humaine aurait à s'en mêler ?

Est-ce que si un missionnaire catholique, sans patente dans une région où l'on n'en connaît point, ou payant patente valable dans les lieux où la loi l'exige, était surpris par la police à vendre des souliers ou des chapeaux ou à faire tout autre acte de commerce, il pourrait être mis en jugement ? Nous ne le pensons pas, et le Code civil est entièrement muet à cet égard.

Pourquoi donc alors tous ces gens qui n'ont jamais connu la religion chrétienne ou qui même n'ont aucune religion s'enflamment-ils si fort pour une chose qui ne les touche en rien ?

Et ne pourrait-on pas leur dire : Messieurs, mêlez-vous donc de vos affaires. Ceci ne vous concerne point. Laissez, à nous autres chrétiens catholiques, le soin de réprimander ceux d'entre nous qui commettent des actes contraires à notre foi. Croyez-le, nous n'avons nul besoin de vous pour nous rappeler les canons de l'Eglise et l'excommunication lancée contre les prêtres qui font le commerce et qui ne se bornent pas, comme le faisait saint Paul, à vendre les produits de leur industrie ou de leur agriculture ?

Soyez donc sans crainte, nous veillons et nous savons si bien ce que valent tous vos dires qu'à Tahiti, au moment même où s'est élevé le bruit de vos clabaudages, nous y avons répondu en priant nos missionnaires d'établir parmi nous l'aumône de la Propagation de la Foi, et alors, bien que nous soyons pauvres et peu nombreux ici, nos oboles se sont réunies en assez grand nombre pour être une réponse sans réplique à vos calomnies.

En vous écoutant parler on croirait que vous n'avez jamais su que lorsqu'un honnête homme avance un fait, qui peut nuire à la considération d'autrui, il doit se donner la peine de le prouver ?

Pensez-vous vraiment que les missionnaires font le commerce ? Etes-vous prêts à les en accuser ?

Si c'est oui, la chose est bien simple à faire. Supposez que vous êtes M. de Kératry et dites :

« Le R. P. Laval envoie tous les ans 60 ou 70,000 francs à la
» congrégation de Picpus à Paris; » puis si vous êtes un honnête homme ajoutez :

« En voici les preuves : En 1860 le P. Laval envoya cette
» somme par *tel* navire et nous joignons ici l'attestation du
» capitaine de ce navire.

» En 1861, il pria M. le comte de la Roncière de porter la

» somme à Tahiti et de lui prendre des traites au Trésor où se
» voient les talons.

» En 1862 ce fut M. de la Richerie qui voulut bien lui rendre
» le même service.

» En 1863 ce fut M. X....., négociant, qui se chargea de cette
» opération et la somme fut remise à Paris par telle maison de
» commerce ou de banque. »

Certes, si vous parliez ainsi l'on pourrait vous croire; mais comme vous n'avez jamais pu nous citer ni un acte de commerce ni une simple vente et que vous ne nous avez point indiqué la voie par où passent les sommes annuelles et considérables dont vous parlez, nous sommes bien obligé, sous peine de manquer de raison et de donner à penser que nos cerveaux sont aussi creux que les vôtres, de hausser les épaules et de rire de vos accusations.

Cela ne vous plaît point et vous désireriez être pris au sérieux ? Vous voudriez peut-être que nous nous donnions la peine de défendre contre vous ceux que vous accusez ?

Eh ! bien soit, nous y consentons et nous allons le faire dès que vous nous aurez appris depuis quand il est établi que l'on peut traîner un homme devant les tribunaux et lui dire : « Prouvez que vous êtes innocent ou vous serez pendu, » et aussi depuis quand est abolie l'ancienne et bonne coutume qui voulait qu'avant de pendre un homme ses accusateurs eussent à prouver sa culpabilité.

Nous ne pensons pas que cet usage, estimé des honnêtes gens, soit tombé en désuétude, pas plus que nous ne croyons aux calomnies soulevées contre Picpus et les missionnaires par MM. de la Richerie, de la Roncière et...... autres.

Aussi n'est-ce point pour vous qui ne voulez pas croire, ni pour eux, qui connaissent aussi bien que nous toute la fausseté de leurs dires, que nous allons écrire les lignes suivantes, mais bien pour ceux qui veulent et cherchent la vérité.

A ceux-là nous dirons :

1° Si les missionnaires faisaient le commerce, les personnes qui s'en apercevraient d'abord, parce que leurs intérêts en souffriraient, ce sont les commerçants, et ils s'en plaindraient. Au lieu de cela, voici ce que disent les plus considérables et les plus anciens d'entre eux.

« Papeete, le 26 septembre 1865.

» Monseigneur, suivant le désir que vous m'avez manifesté,
» et pour rendre à la vérité l'hommage qui lui est dû, je cons-
» tate ici qu'il n'est point à ma connaissance qu'en aucune occa-
» sion la mission catholique de ces îles ait fait aucun acte de
» commerce, spécialement en ce qui concerne les îles Gam-
» bier. Je déclare avoir vu, lors de mes deux voyages à Man-
» garèva, les commerçants traiter directement avec la régente
» pour les échanges de leurs marchandises contre les produits
» de la localité, soit nacres, perles, etc... Je ne puis rien ajouter
» qui me soit personnel, attendu que je n'ai jamais traité par
» moi-même avec les habitants de ces îles.

» Je suis avec respect, monseigneur, votre très-humble
» serviteur.

» Signé : A. HORT. »

« Papeete, le 10 septembre 1866.

» Je soussigné, certifie que faisant le commerce aux Gam-
» bier et aux Pomotu, ni moi ni mes agents ne nous sommes
» jamais aperçus que les missionnaires catholiques fissent le
» commerce.

» En foi de quoi j'ai signé le présent.

» Signé : BRANDER. »

« Nous soussignés, attestons n'avoir su ni vu, pendant notre
» séjour aux îles Gambier, qu'aucun missionnaire catholique ait
» fait le commerce, c'est-à-dire ni acheter, ni vendre pour leur
» compte.

» Signé : AUMÉRAN B<sup>te</sup> et Rosine AUMÉRAN. »

« Je soussigné, certifie que pendant mon séjour aux îles
» Gambier (Océanie); soit environ deux années, je me suis ex-
» clusivement occupé du commerce de la nacre et des perles, et
» qu'il est à ma connaissance que Messieurs de la mission ca-
» tholique française, les RR. PP. du Sacré-Cœur, établis depuis
» fort longtemps auxdites îles, n'y ont fait aucun commerce ni
» trafic, soit en nacres de perles, soit en autres denrées ou mar-
» chandises ; je déclare aussi que, ne comprenant pas la langue
» de ces îles, j'ai eu souvent recours à leur obligeance pour me
» traduire les conventions et accords résultant de mes opérations
» commerciales avec les naturels océaniens. J'atteste également
» que je ne connais aucun Européen qui, avant, ou durant, ou

» après mon séjour, ait eu à subir à Gambier aucun mauvais
» traitement corporel.

» En foi de quoi, je délivre le présent pour servir et valoir à
» qui de droit.

» A Papeete, île Tahiti, 2 août 1865.

» Signé : J. Labbé. »

« Je soussigné, atteste que durant le temps que j'ai fait le
» commerce de la nacre à Gambier, il est à ma connaissance
» que nul missionnaire n'a fait ce commerce, ni celui des perles
» et que je ne connais aucun Européen qui ait eu à y souffrir
» des châtiments corporels.

» En foi de quoi j'ai délivré la présente attestation.

» Valparaiso, le 29 septembre 1865.

» Signé : L. Yver. »

2° Si les missionnaires des Gambier envoyaient chaque année 60 ou 70 mille francs à la maison mère de Picpus on en trouverait quelques traces dans les transactions opérées dans ces îles par les négociants.

Voyons s'il en est ainsi :

Personne n'ignore que l'unique richesse de Mangarèva consiste dans ses nacres et ses perles.

Le commerce de la nacre a été fait, avec le roi Grégorio Maputéoa, depuis le 15 septembre 1852 jusqu'au 15 septembre 1865, par M. Labbé, représentant aux Gambier de la maison Fauché de Valparaiso.

La maison Lequellec et Bordes succéda, le 15 septembre 1865, à la maison Fauché, et continua ce commerce avec Grégorio ou avec sa veuve jusqu'au mois de juin 1862, époque où la pêche de la nacre fut suspendue durant quelques années à cause du grand appauvrissement des bancs d'huîtres.

Depuis la réouverture de la pêche des nacres ses produits ont été employés par la reine Maria-Eutokia à payer l'indemnité Dupuy et Pignon où ont été livrés, en échange de marchandises, à la maison Ballande de Bordeaux, dont l'agent en Océanie était un nommé M. Amiot.

La maison Fauché, de Valparaiso, est donc la première qui ait fait le commerce de la nacre à Mangarèva et elle en a eu le monopole durant trois ans.

Par le marché qui liait cette maison au roi Grégorio elle devait lui payer la nacre à raison de 375 francs le tonneau. Si le roi le désirait, un quart de la nacre livrée était payé en espèces et le prix en était augmenté de 5 p. 100, mais les trois autres quarts se soldaient en marchandises.

En réglant le compte de sa maison avec le roi, M. Labbé lui laissa la pièce suivante :

« Je soussigné, certifie avoir acheté de S. M. le roi de l'île
» Mangarèva (Gambier) la quantité de deux cent dix-huit ton-
» neaux et mille six cent seize livres coquilles de nacres de
» perles, lesquelles ont été payées par moi, partie en marchan-
» dises diverses livrées au roi de Mangarèva selon reçu daté du
» 4 mai 1853 et l'autre partie en numéraire, soit 11,812 fr. 50 c.,
» aussi à lui payés, selon quittance datée du 8 mars 1853.
         » Signé : Labbé. »

Par cette pièce on voit que le signataire a payé seulement *trente tonneaux* de nacres en espèces. Les 188 tonneaux et 80 centièmes de tonneau restants ont été soldés en marchandises, évaluées 375 francs par chaque mille kilogrammes, ce qui fait pour 70,800 fr. de marchandises.

La maison Lequellec et Bordes succéda dans ce commerce à la maison Fauché, et seule, durant huit années, elle eut les produits de la pêche.

Cette maison a résumé comme il suit toutes ses opérations commerciales avec Gambier :

« Achats de nacres faits, au roi et à la reine des îles Gambier,
» par la maison Lequellec et Bordes, depuis septembre 1855
» jusqu'en juin 1862.

» 912 tonneaux 812 kilogrammes de nacres, valant 493,402
» francs 60 centimes.

» Sur cette somme ont été payés :
  » En marchandises. . . . . . . . 401,452 fr. 90
  » En espèces. . . , . . . . . . . .  91,949  70

» Valparaiso, 27 novembre 1865.
        » Signé : Lequellec et Bordes.

» Nous certifions, en outre, avoir vendu à la reine des
» Gambier, en janvier 1865, diverses marchandises s'élevant à
» 3,200 piastres, dont elle nous a payé le montant en espèces.

» Valparaiso, 27 novembre 1865.
        » Signé : Lequellec et Bordes.

Dans les dix années qui se sont écoulées de 1852 à 1862, la maison royale des îles Gambier a donc reçu 103,762 francs en argent monnayé et 472,252 francs de marchandises.

Ces marchandises ont été consommées dans le pays, et chaque habitant en a usé annuellement pour *trente-six francs et trente-deux centimes* environ, ce qui n'a rien d'excessif si l'on considère que cette somme représente les achats d'habillements, d'ustensiles de ménage, d'outils, de clous, rames, filets, etc., etc.

Dès maintenant, on voit qu'il n'y a là rien qui puisse fournir au R. P. Laval les moyens d'envoyer 60 ou 70,000 francs par an à sa communauté. Nous donnerons un peu plus loin le compte exact de l'emploi des 103,762 francs reçus en espèces. Mais avant cela, considérons ce qu'a rapporté le commerce des perles.

La première vente concernant ce produit a eu lieu par l'entremise de M. la Motte du Portaïl, négociant à Valparaiso. Il fit faillite, et, s'il est encore de ce monde, il peut attester que cette vente a rapporté *zéro*.

Le roi des îles Gambier fit ensuite un cadeau à S. M. Louis-Philippe Ier. Les perles qui le composaient étaient belles, et ce présent fut la cause de la tentative faite pour établir le protectorat français sur ces îles. Sa Majesté le roi des Français, afin de reconnaître le don qu'on venait de lui faire, envoya aux Gambier pour trente mille francs d'outils de toutes sortes.

Une deuxième vente de perles fut tentée avec le concours de M. Marziou, négociant au Havre. C'était à la veille d'une révolution. Le prix fut excessivement réduit par suite de la crise financière qui se produisit alors, et M. Marziou peut dire que *ce prix réduit* fut en entier soldé en marchandises.

Au mois de mai 1861, M. de la Richerie reçut deux perles que lui offrait Maria-Eutokia. Il a osé dire que ce présent, connu de tout Mangarèva, ne lui venait pas de la Reine, et que, d'ailleurs, les perles qui le composaient étaient fausses. Sans doute cet ex-commissaire impérial pense qu'aux îles Gambier l'on fabrique des perles de même qualité que ses accusations !

Quelques belles perles, deux ou trois, croyons-nous, furent envoyées à Sa Majesté l'impératrice Eugénie.

Nous ignorons si elles lui sont parvenues. Mais ce que nous savons, c'est que Sa Majesté, dont le cœur est accessible à la prière des plus humbles, s'intéressa en faveur des Gambier, et que M. de la Richerie n'a pas craint d'affirmer que les démarches de l'auguste souveraine n'ont servi qu'à hâter la détermination prise contre ses protégés en faisant sortir de l'oubli les affaires Dupuy et Pignon.

Un dernier lot de perles vient d'être vendu par les soins de M. Ballande, négociant à Bordeaux. Le prix en a été de 60,000 fr.

Cet honorable commerçant peut dire s'il a envoyé cet argent à Picpus; sa réponse fournira la preuve que les perles appartiennent bien à la reine de Mangarèva, car après en avoir employé une partie à rembourser (et non pas en France) à monseigneur l'évêque d'Axiéri le montant de la dernière annuité de l'indemnité Pignon, que ce prélat avait avancé à Maria-Eutokia, M. Ballande a fait remettre à cette dernière, par son agent M. Amiot, le reliquat du prix obtenu.

Enfin, M. le marquis de Gambfort, attaché à la légation de France, au Chili, étant allé aux îles Gambier en l'année 1870, la reine lui vendit pour *onze cents francs* de perles.

Ce commerce a donc produit une somme totale de 61,100 francs en espèces.

Voyons maintenant ce qu'est devenu l'argent de la reine des Gambier, et d'abord commençons par récapituler les sommes qui en forment le total.

| | |
|---|---|
| 1° Reçu de la maison Fauché pour nacres. . | 11,812 f. 60 |
| 2° Reçu de la maison Lequellec et Bordes. . | 91,949   70 |
| 3° Reçu de la maison Ballande pour perles . | 60,000   » |
| 4° Reçu de M. le marquis de Gambfort pour perles. . . . . . . . . . . . . . . . . . . . | 1,100   » |
| Total. . . . . . . . . . . . | 164,862 f. 30 |

Avec cet argent Maria-Eutokia a payé en espèces :

| | |
|---|---|
| A M. Pignon pour les débris du navire le *Glaneur* . . . . . . . . . . . . . . . . . | 17,500 f. » |
| A MM. Lequellec et Bordes pour marchandises achetées en 1865 . . . . . . . . | 16,000 » |
| L'annuité de 1866 pour l'indemnité Pignon | 40,000 » |
| La dernière annuité Pignon, avancée par Mgr d'Axiéri . . . . . . . . . . . . . . | 40,000 » |
| Les réparations faites à sa goëlette à Tahiti en 1870 . . . . . . . . . . . . . . . . . | 14,631 » |
| Achat du chargement de bois du navire du capitaine Alexandre . . . . . . . . . | 15,000 » |
| Total. . . . . . . . . . . . | 143,131 f. » |

Ainsi : sommes reçues en espèces. 164,862 f. 20
— sommes payées en espèces. 143,131 »

Reste ou différence.... 21,731 f. 20

Ce chiffre de 21,731 francs est en réalité trop considérable, car nous avons négligé de tenir compte de certaines petites dépenses, comme par exemple, de la perte au change subie par Maria-Eutokia lorsqu'elle a payé en condors péruviens l'annuité de l'indemnité Pignon en 1866. Nous pensons qu'en réalité il ne doit rester entre les mains de la reine que la somme qui lui fut dernièrement remise par M. Amiot de la part de M. Ballande.

Serait-ce avec cette somme que le R. P. Laval aurait pu enrichir la pauvre société de Picpus ?

4° Il est encore une preuve qui peut convaincre les esprits les plus rebelles, la voici :

Les missions ont des dépenses et des recettes, et par suite elles ont des comptes.

Tous les ans, l'OEuvre de la Propagation de la Foi alloue à chacune d'elles une somme d'argent qui est remise entre les mains de la communauté à qui appartiennent les missionnaires, et qu'elle leur fait parvenir.

Si les missionnaires des Gambier avaient eu de l'argent à donner à leur maison de Paris, celle-ci eût d'abord opéré, sur l'allocation de la Propagation de la Foi, une retenue égale à ce que Gambier devait lui envoyer, et elle n'eût fait parvenir en Océanie que la différence entre les deux sommes.

Précisons, et pour mieux fixer les idées, prenons un exemple :

Ainsi en 1849, l'allocation accordée par l'OEuvre de la Propagation de la Foi s'élevait à 45,000 francs. Elle fut remise à la maison de Picpus, qui la fit parvenir à Tahiti.

Si à cette époque, comme le prétend M. de Kératry, la mission avait eu 70,000 francs à faire parvenir à la maison mère de Paris, cette dernière eût d'abord gardé, par devers elle, les 45,000 francs donnés par la Propagation de la Foi, et eût écrit en Océanie : « Vous avez 70,000 francs à m'envoyer ; je
» viens d'en recevoir pour vous 45,000 ; je les garde, ce qui fait
» que vous n'aurez plus qu'à me faire parvenir les 25,000 francs
» qui forment la différence des deux sommes. »

Cette combinaison n'eût pas manqué d'être adoptée, tant elle est simple et logique. D'ailleurs, que ce soit la mission ou Picpus qui reçoive de l'argent, ces relations pécuniaires, ces envois de fonds, créent des comptes et donnent lieu à des correspondances qui gardent les traces des opérations faites. Ces comptes, ces correspondances ont commencé dès les premiers jours où la mission a vécu. Ceux qui les établirent et les tracèrent alors ont quitté ce monde, ils n'y peuvent donc rien changer (1).

Or, que lit-on dans ces correspondances, et que voit-on dans ces comptes ? C'est que la mission a toujours reçu de l'argent de Picpus, soit par des envois directs, soit par l'intermédiaire de la succursale de Valparaiso, et que jamais elle n'en a envoyé.

Nous avons entre les mains les comptes originaux de la mission de Tahiti et des Gambier avec Paris et Valparaiso ; ils embrassent une période de 21 ans, c'est-à-dire depuis 1849 jusqu'en 1870. Nous y lisons les noms des capitaines des navires de commerce et ceux des commandants des navires de guerre qui ont porté de l'argent à Tahiti ; nous y voyons aussi les noms des personnes qui ont reçu du chef de la mission des lettres de change sur la maison mère ; ces personnes sont en France ou à Tahiti, et leurs témoignages peuvent servir à vérifier si la mission, comme l'indiquent les comptes, a toujours exactement reçu de Picpus les sommes allouées par la Propagation de la Foi.

Nous voudrions pouvoir mettre sous les yeux de nos lecteurs, une reproduction, un fac-similé de ces écrits.

Dans la façon peu commerciale, mais franche, claire et parfois naïve dont ils sont rédigés, on sent un parfum de loyauté et de bonne foi qui détruit tout soupçon. Les erreurs elles-mêmes qui parfois s'y trouvent, ou mieux encore la façon dont elles sont réparées, portent l'empreinte de la candeur et de la vérité. Nous les avons lus et relus, tournés et retournés dans tous les sens, scrutés de toutes les façons sans que nous ayons pu y découvrir la moindre trace d'un envoi d'argent fait en faveur de la maison mère, ou celle d'un acte de commerce.

---

(1) Le R. P. Tuffier, qui avait longtemps tenu ces comptes, vient d'être assassiné par la Commune.

Après cela, nous nous sommes procuré les Annales publiées chaque année par l'Œuvre de la Propagation de la Foi, et nous y avons puisé les éléments du tableau qui suit :

| ANNÉES | TOMES | PAGES | ALLOCATION pour la Mission de Tahiti. |
|---|---|---|---|
| 1849 | XXII | 197 | 45,000 f. » |
| 1850 | XXIII | 197 | 45,240 » |
| 1851 | XXIV | 192 | 38,516 65 |
| 1852 | XXV | 196 | 28,100 » |
| 1853 | XXVI | 288 | 50,300 » |
| 1854 | XXVII | 204 | 65,000 » |
| 1855 | XXVIII | 203 | 48,000 » |
| 1856 | XXIX | 207 | 50,000 » |
| 1857 | XXX | 295 | 50,000 » |
| 1858 | XXXI | 203 | 58,000 » |
| 1859 | XXXII | 195 | 68,000 » |
| 1860 | XXXIII | 203 | 66,000 » |
| 1861 | XXXIV | 207 | 50,000 » |
| 1862 | XXXV | 207 | 45,000 » |
| 1863 | XXXVI | 207 | 43,500 » |
| 1864 | XXXVII | 201 | 42,000 » |
| 1865 | XXXVIII | 201 | 42,000 » |
| 1866 | XXXIX | 209 | 42,000 » |
| 1867 | XL | 229 | 40,000 » |
| 1868 | XLI | 206 | 40,500 » |
| 1869 | XLII | 214 | 40,000 » |
| | | Total en 21 ans.... | 997,156 f. 65 |

Puis nous avons repris les comptes de la mission et nous y avons vu que Picpus, en 21 ans, c'est-à-dire de 1849 à 1870, avait reçu pour Tahiti :

1º En dons de l'Œuvre de la Propagation
de la Foi. . . . . . . . . . . . . . . . . . . . . 997,156 f. 65
2º En messes à dire par les missionnaires. . 38,834   61
3º En dons divers. . . . . . . . . . . . . . . . 48,400   »
    Total. . . . . . . . . . . 1,084,391 f. 26

Ces mêmes comptes (qui pour Paris ne vont que jusqu'au milieu de 1869) nous ont aussi montré que depuis 1849 la maison mère a envoyé à Tahiti :

1º Directement. . . . . . . . . . . . . . . . . . . . . . 570,615 f. 65
2º Par l'intermédiaire de la succursale de Valparaiso. . . . . . . . . . . . . . . . . . . . . . . . 523,942 05
    Total. . . . . . . . . . . . . . . 1,094,557 f. 70

La différence entre les sommes reçues et les sommes envoyées est en faveur de ces dernières et s'élève à 10,166 francs et 44 centimes dont la mission est la débitrice.

Ainsi, à l'époque même où M. le comte de Kératry, se fiant à des témoignages indignes d'être crus, assurait à ses collègues que chaque année la maison religieuse de Picpus recevait des sommes considérables de l'Océanie, il était vrai, au contraire, qu'elle y avait envoyé plus d'argent que ne lui en avait confié pour cela la charité des chrétiens.

Nous allons indiquer maintenant quel a été l'emploi de tout l'argent reçu par la mission :

En 21 ans, Picpus a envoyé en Océanie, aux missionnaires français. . . . . . . . . . . . . . . . . . . . . . . 1,084,391 f. 26 c.
Dans le même laps de temps le Gouvernement français leur a donné à divers titres. . . . . . . 176,341 »

La mission a donc reçu depuis qu'elle existe. . 1,260,732 f. 26

Cette somme a été employée de la façon suivante :

## MATÉRIEL

Comprenant les dépenses de la cathédrale de Papeete et les matériaux préparés ; l'édification de 21 églises, 19 presbytères, 1 collége ; l'achat de 25 terrains, l'achat et l'entretien de 7 canots, l'achat et le remplacement de 10 chevaux, 1 goélette et son entretien, etc., etc. . . . . . . . . . . . . 447,000 f. » c.

## NOTES DE PARIS ET DE VALPARAISO

Comprenant : les voyages, les frêts, les assurances, les emballages, les transports, les frais de correspondances, d'envois d'argent, les achats de vases sacrés, ornements, chapelles, bibliothè-

A REPORTER. . . . . . 447,000 f. » c.

|  |  |
|---|---|
| Report. . . . . . . . . | 447,000 f. » c. |
| ques, imprimerie, livres et musique sacrée, outillage, etc., etc.. . . . . . . . . . . . . . . | 320,972 » |
| Dépenses du collége et des études du personnel destiné à recruter la mission. . . . . . . . . . | 119,621 » |
| Les affrétements et les voyages aux îles Tuamotu durant 20 ans. . . . . . . . . . . . . . . . . | 20,000 » |
| Les dépenses des six derniers mois de 1869 non portées dans les comptes de Paris. . . . . . . | 20,000 » |
| Les dépenses de l'année 1870 non encore arrêtées mais qu'on peut estimer à. . . . . . . . . . . | 40,000 » |
| Total. . . . . . . . . | 967,593 » |

La différence entre ces 967,593 francs et la somme totale reçue est de 293,139 francs qui représentent ce qu'a coûté en 21 ans le personnel de la mission, tant en logement qu'en nourriture, vêtements, etc., etc.

Encore faut-il remarquer que sur cette dernière somme on a dû prélever les frais du culte pour les cures autres que celle de Papeete.

Le personnel de la mission est de dix-sept personnes. Ce chiffre est la moyenne des 21 dernières années.

Si nous multiplions ce chiffre 17 par le nombre des années 21 et qu'avec le produit 357 nous divisions la somme 293,139 fr., le quotient de cette division, qui est de 821 fr. 11, nous apprend qu'un missionnaire catholique à Tahiti, aux îles Gambier et aux îles Tuamotu dépense chaque année pour son logement, sa nourriture, son vêtement, etc., etc., la somme de 821 francs et 11 centimes.

Avant de terminer ce chapitre, nous allons revenir un instant sur nos pas. Nous avons dit plus haut que ni dans les comptes de Paris, ni dans ceux de Valparaiso, ni dans ceux de Tahiti on ne peut trouver aucune trace de commerce. — C'est une erreur, et nous nous empressons de la rectifier.

En effet, dans les comptes de la maison de Valparaiso, en 1850, on voit qu'un missionnaire a fait une opération commerciale, et voici ce que c'est :

Dans les premiers jours de l'année 1850, un navire se trouvait sur la rade de Mangarèva, où il était venu prendre livraison d'une certaine quantité de nacre déjà achetée.

Les temps étaient durs pour les îles Gambier, car la récolte n'avait presque rien produit et les habitants allaient avoir faim.

Lorsqu'ils eurent donné au navire toute la nacre qui lui revenait, ils prièrent le capitaine, qui avait des vivres en abondance, de leur en céder en échange des coquilles de nacre qui leur restaient. Mais il s'y refusa.

Les naturels furent affligés de ce refus, car ils ne savaient comment faire et ils craignaient la famine, surtout pour leurs femmes et pour leurs enfants. Dans leur détresse, ils eurent recours à ceux qui ont toujours compati à leurs peines et qui les ont toujours secourus de toutes leurs forces.

Les missionnaires implorèrent le capitaine du navire, mais ce dernier persista dans sa première résolution. Il voulait de l'argent en échange de ses vivres.

Le supérieur de la mission avait en dépôt une somme de treize cents francs environ, dont il devait rendre compte à son évêque. Il agit alors comme ce dernier l'eût fait en pareil cas. Il réunit à ce qu'il avait les quelques rares piastres possédées par les Indiens, et porta le tout au capitaine du navire.

Dieu aime le dévouement et la charité. Le cœur de ce capitaine s'ouvrit alors à la pitié. Non-seulement il donna des vivres pour la valeur de cet argent, mais il voulut bien, en outre, en échanger une certaine quantité contre de la nacre, et ainsi, la famine put être atténuée si elle ne fut point totalement conjurée.

Mieux que personne, les habitants de Mangarèva savent combien est réelle la pauvreté des missionnaires. Ils n'ignoraient point que l'argent dont ils venaient de disposer en leur faveur ne leur appartenait point; alors ils furent vers eux et leur dirent : « Pères, vous nous avez donné de l'argent et par là vous
» nous avez sauvés de la faim. Mais il n'était point à vous et il
» vous faudra le rendre. Ecoutez donc! Nous allons vous donner
» beaucoup de nacre, vous l'enverrez à Valparaiso, où vous la
» vendrez et vous aurez de l'argent. »

Le moyen proposé par les Mangarèviens était, en effet, le seul que les missionnaires pussent employer afin de pouvoir rendre à qui de droit l'argent dont ils étaient responsables, et dont ils avaient disposé. Ils acceptèrent donc l'offre des Indiens qui, tout joyeux, leur apportèrent aussitôt leurs coquilles.

Quelques mois après, la mission put envoyer cette nacre à Valparaiso, où elle fut vendue par les soins de la maison Fauché. Tous frais payés, cette vente produisit 745 francs (1).

Le supérieur de la mission rendit compte à son évêque Mgr d'Axiéri de tout ce qui avait été fait, et ce dernier approuva *joyeusement cette opération commerciale.*

Plus tard ce prélat, au milieu des sentiments pénibles et douloureux qu'il éprouvait en voyant sa mission calomniée et accusée de faire le commerce, ne pouvait néanmoins s'empêcher de rire au souvenir de la manière dont ses missionnaires pratiquaient le négoce, et son cœur remerciait Dieu de ce que tous ses collaborateurs étaient aptes et disposés à le faire ainsi.

Papeete, mars 1871.

J.-P. CHOPARD.

---

(1) Cette vente correspond à l'époque que M. le comte Émile de la Roncière fixe pour attribuer à la nacre une valeur de seize cents francs par tonneau. (Voir le *Journal officiel* de l'Empire français du 11 ou du 12 mars 1870, séance du Corps législatif, interpellation de M. de Kératry.)

M. le commandant commissaire impérial de la Roncière *a toujours été fort bien renseigné.* On peut s'en faire une idée par la facture de la maison Fauché qui établit qu'à Valparaiso la nacre valait alors *cent soixante francs* les mille kilogrammes. D'ailleurs à Tahiti, *à la même époque,* le tonneau (ou les mille kilogrammes) de nacre, mis à bord du navire qui devait le transporter en Europe, coûtait tous frais payés *cent soixante-quinze francs.*

# CONCLUSION

. . . . . . . . . . . . . . . . . . . . . . . . . . . . . . . . . . . . . . .

Le gouvernement actuel pourrait réparer le tort fait par la France aux îles Gambier, les injustices commises par les fonctionnaires contre la mission catholique, et l'iniquité dont a souffert M. l'ordonnateur Boyer !... Mais il ne le fera point, car... le temps lui manquera.

. . . . . . . . . . . . . . . . . . . . . . . . . . . . . . . . . . . . . . .

Et cependant il faut que justice soit faite à chacun... Grâce à Dieu, nous en avons la conviction, ce jour n'est plus éloigné !...

. . . . . . . . . . . . . . . . . . . . . . . . . . . . . . . . . . . . . . .

Alors, monseigneur le comte de Chambord règnera sur la France, et à l'ombre des antiques fleurs de lys revivront dans les régions officielles et gouvernementales la justice et la vérité, si chères aux cœurs français...

Papeete, le 1er avril 1871.

L.-P. CHOPARD.

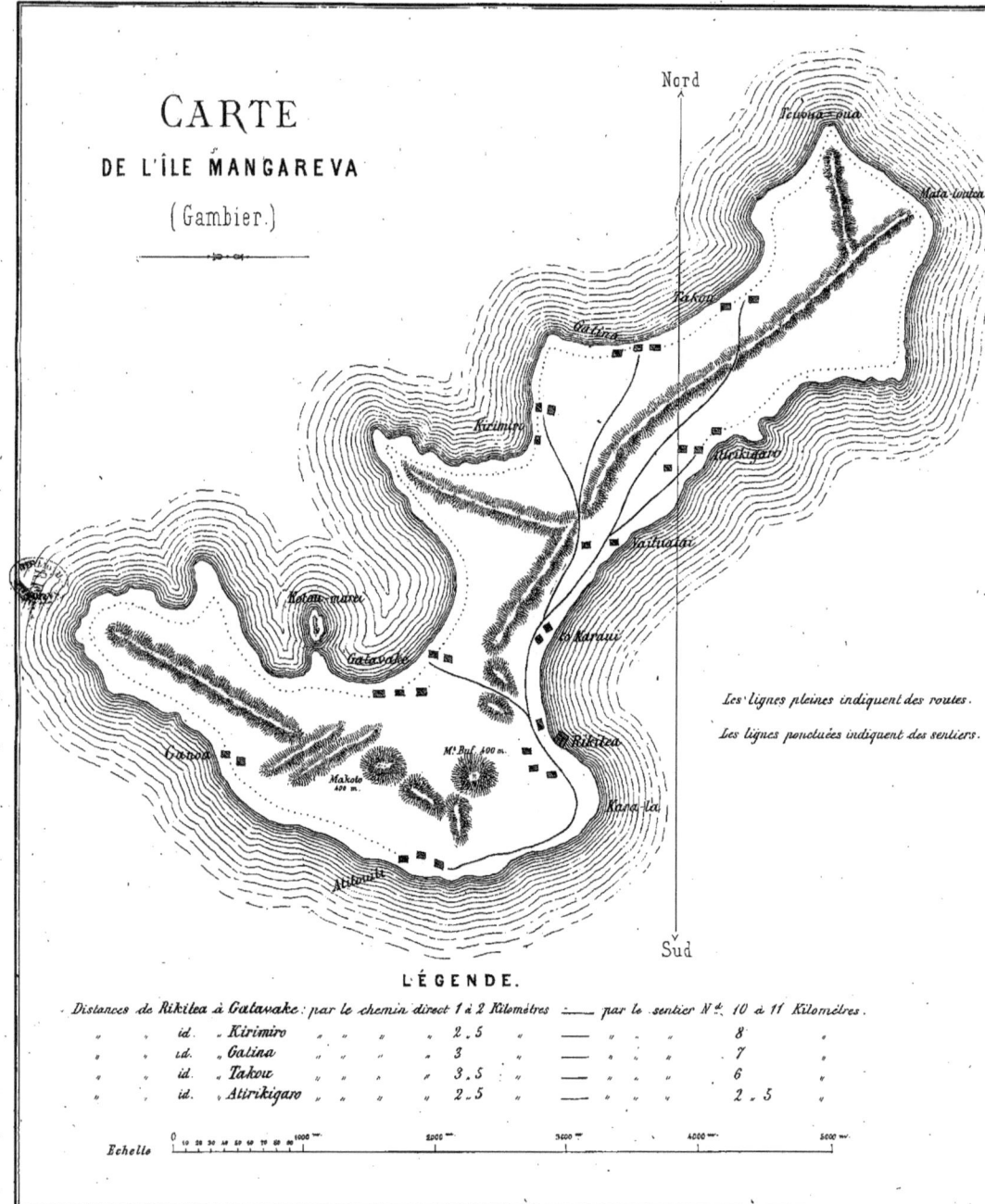

## TABLE DES MATIÈRES

|  |  |
|---|---|
| Avertissement | 5 |
| CHAPITRE I. — M. le comte de Kératry | 7 |
| — II. — M. Louis-Eugène Gaultier de la Richerie | 10 |
| — III. — MM. Landes et Duprat | 32 |
| — IV. — M. le comte Émile de la Roncière | 46 |
| — V. — M. François-Xavier-Marie Caillet | 52 |
| — VI. — Le commerce des Missionnaires | 68 |
| Conclusion | 83 |

FIN.

---

Brest. — Imp. J. B. Lefournier aîné, Grande-Rue, 85.